JN083438

坂田阿希子

家で揚げるともっとおいしい

リトルモア

はじめに

洋食屋さんのドアを開けると、ふわっといいにおい。
ラードで揚げるカツレツのにおいだ。
きつね色に揚がったお肉屋さんのコロッケは、
その場でほおばればヤケドするほどハフハフと熱い。
高温の油に野菜を入れれば、一瞬で色鮮やかになり
最高の歯ざわりと香り、甘さを生む。
鶏肉料理でいちばん好きなのは唐揚げ。
さっくり衣から弾け出る肉汁のうまみがたまらない。
要はわたし、揚げものが大好きなんです。

ビールのお供に。
季節のサラダやあえものに。
そして白いごはんのおかずに。
今日もなにかしらを揚げている。
難しいこともこわいこともない。
油を熱くして、食材を入れてこんがりするのを待つ——
こんなにシンプルでこんなにおいしくなる料理法って
「揚げる」以外にあるかしら。

おうちで揚げるともっと楽しい。そしてもっとおいしい。
小さめのフライパンをひとつ用意して油を熱したら、
家族のために、自分のために、誰かのために。

さあ、おうちで揚げてみませんか。

坂田阿希子

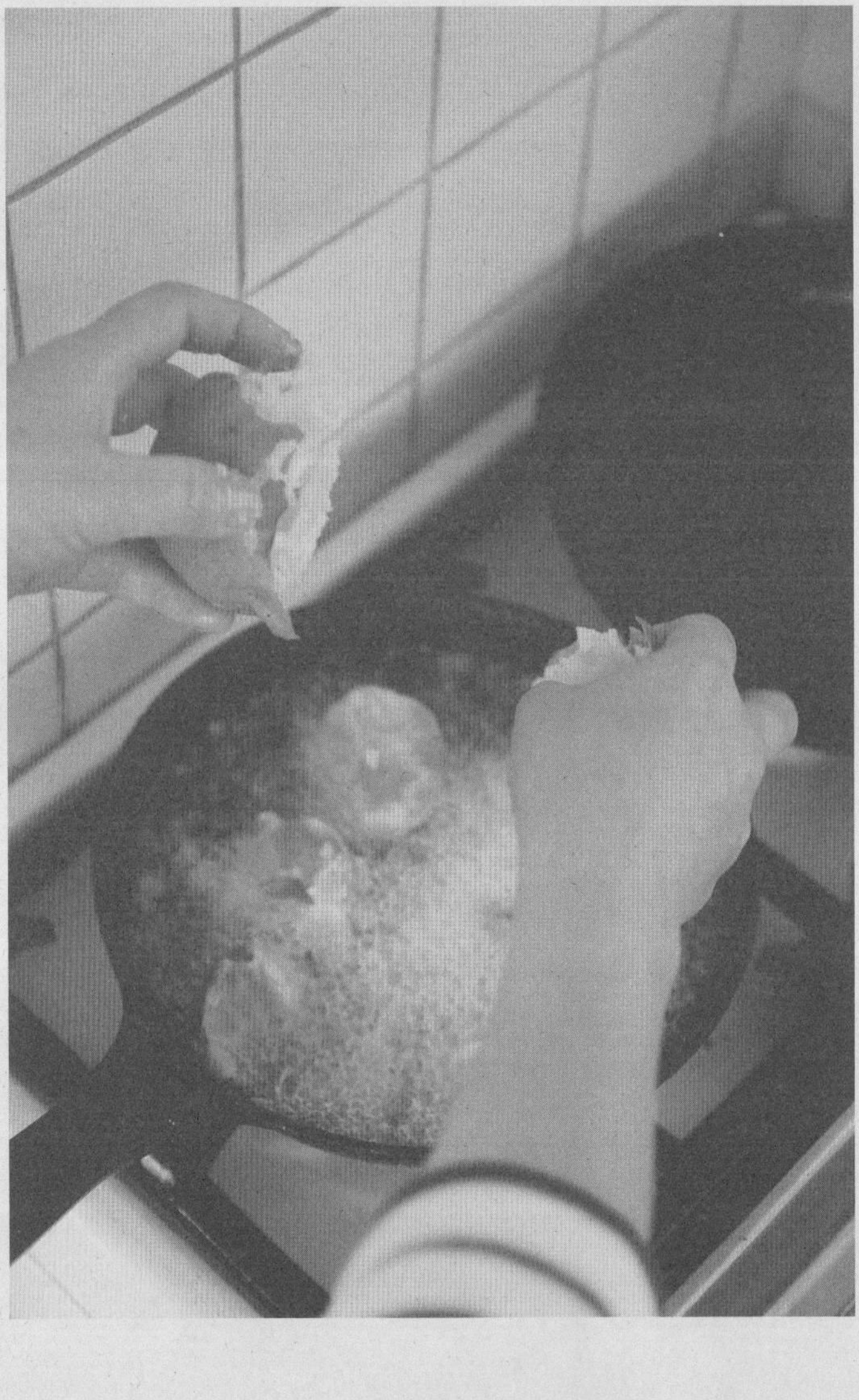

どうして
そんなに
揚げるのが
好きなんですか？

一番好きな揚げものはなんですか？

素揚げです。野菜が劇的においしくなるんですよ

一番を選ぶのはとっても難しいですが……。ぜひ知ってもらいたい揚げものと考えると、野菜の素揚げです。「揚げる」というのは、油で熱することで、素材の表面から水分が蒸発して、そこに油が入っていくという調理方法なんです。だから、野菜を素揚げにすると、水分が抜けて味が濃くなる。揚げる力のすごさがよくわかります。野菜によって食感も香りも違うから、季節ごとに、いろいろな野菜を揚げています。

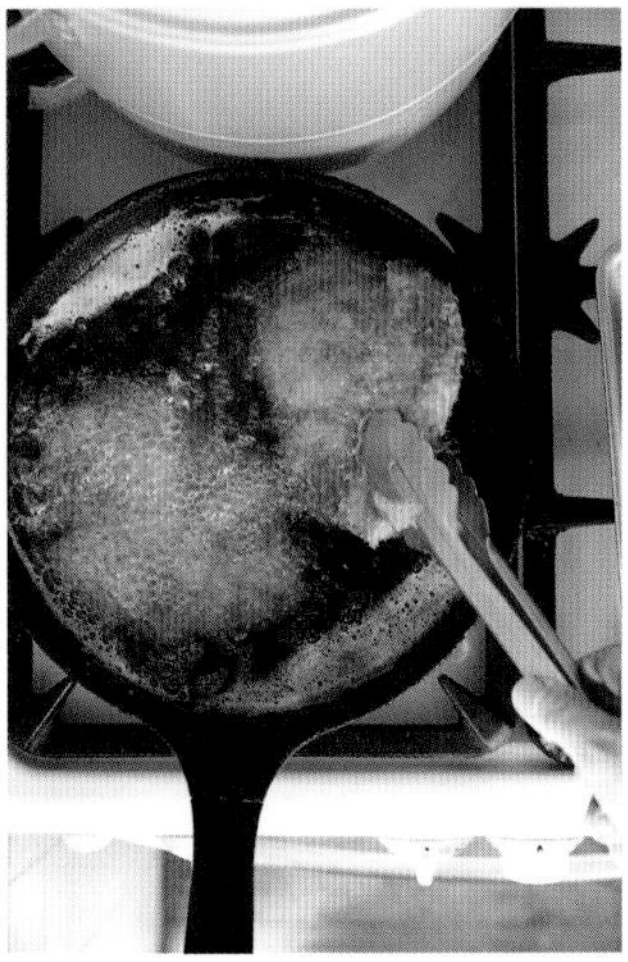

食べたときのアツアツ感がたまりません

揚げものって、口に入れたときに、フワッと熱気を感じますよね。衣の香ばしさや油の味わいにもインパクトがあって、なんだか元気になれる。それが、揚げたてのおいしさです。だから、家で揚げたい、すぐに食べたい！　と思うのです。

どうやって揚げるかを考えると、ワクワクします

「何か揚げものが食べたい」という気持ちになったとき、わたしは、家にある素材を見渡して「鶏肉があるけど、どうやって揚げようかな」というところから考えます。野菜でも「天ぷらをつくろう」ではなく、「素揚げにしようかな、何か粉をつけようかな」という感じ。何もつけずに揚げるのと、粉やパン粉をつけて揚げるのでは、同じ素材でもまったく違う料理になるから面白いんです。粉の種類や衣のつけ方もいろいろあること、それで料理の幅が広がることをもっと知ってもらいたいですね。

そうそう、揚げていくうちに素材の様子が変化するのを眺めるのも大好き。何度やっても飽きない調理法ですね。

油のこだわりはありますか？どんな油で揚げるのがよいのですか？

風味をつけたいときだけ、使い分けます。種類より油の状態が大事ですね

ほとんどの揚げものはくせのないサラダ油で十分です。わたしはなたね油が多いのですが、お好みのものでいいと思います。

油を変えるとしたら、フリットとんかつやコロッケなどかな。フリットにはオリーブオイルを使っています。揚げあがりが軽くなるし、香りもフリットに合いますから。パン粉衣には、サラダ油にラードを少し加えるのがおすすめ。コクと風味があって、パン粉の食感にも合うのです。豚の脂肪からとった油なので、とんかつにはぴったりです。

気をつけたいのは油の状態です。何度か漉して使っていると、油がへたって変な泡が出てきます。また、何日も置くとにおいが出てきます。そういう油で揚げてもおいしくないので、新しい油に取り替えましょう。

揚がっているかが不安になります。揚げあがりを知る目安やコツはありますか?

観察して、音や軽さの感覚で覚えるのが一番です

料理教室の生徒さんにもよく、「何分揚げますか?」と聞かれます。時間はひとつの目安にはなりますけど、同じ素材でも、大きさやそのひとの火加減などによっても違ってきます。それよりも、泡の大きさや音の変化を見て、感じて覚えたほうが絶対にいいですよ。

油に入れたとき、最初にブクブクッと大きな泡がたちますよね。あれは素材の水分が水蒸気となって出ていってるから。水分が出るにしたがって少しずつ泡は落ち着き、素材が軽くなってきます。菜箸やトングでさわっているとわかりますよ。だいたいそういうタイミングで、ちょうどいい色になってくるんです。「いい色だな」と思ってひと呼吸、ふた呼吸したら、網に上げて、余熱でいい感じに落ち着かせましょう。多めの油で揚げている場合は、プカッと浮かんでくる、その瞬間です。

揚げすぎるよりは、早めに網に上げてみたほうがいいですね。網に上げて10秒か20秒するとだいぶ熱が回りますから、そこで金串か竹串で中心まで刺して、唇に当ててみてください。熱さを感じれば大丈夫。生か火の通りが足りないときは、串が冷たかったりぬるかったりします。「アッチッチ」のときはちょっと火が入りすぎですね。

この本では、あえてレシピに揚げ時間は入れませんでした。まずは揚げてみて、加減をつかんでいきましょう。

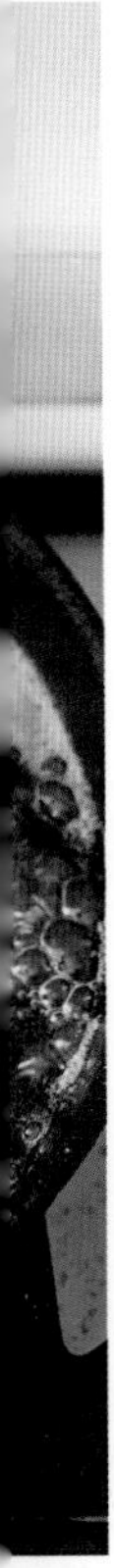

少ない量の油でも揚げられますか?

量より深さが大事です

油の量は、フライパンや鍋の大きさによって変わってきます。素材の5分の4が油につかるくらいであれば十分揚げられます。素材が、少し油から顔を出す感じ。ですから私は、直径20cmくらいの小さめのフライパンで揚げちゃいます。底面積が狭ければたくさんの油を使わずにそこそこの深さになりますよ。鍋でもかまいませんが、底が平らなほうが安定して、揚げやすいと思います。

ただし、パン粉衣の場合は、油はたっぷりめに。少なすぎると衣が底に当たってつぶれてしまうし、揚げ色にムラができます。素材全体がかぶるくらいの量で、油の中で少し泳ぐ感じが理想的です。

揚げものに便利な道具を教えてください

バットと網じゃくしは準備して！

バットは何枚かあったほうがいいですね。衣をつけるときはバットに広げたほうが断然やりやすいし、きれいにできます。揚げたあと、網を敷いたバットにいったん置くのにも必要です。揚げものは、網の上に置いている間に余熱がほどよくまわって油も切れます。キッチンペーパーの上に置くと、ペーパーが吸った油が揚げものに戻り、ベタッとしてしまいます。

網じゃくしもあると便利です。いんげんなど素揚げした野菜や、パセリのような細かいものを一気に引き上げるのに役立ちます。菜箸で少しずつやっていると揚げすぎてしまいますから。それから、落ちたパン粉をすくうのにも。パン粉はまめにすくって、油をできるだけきれいにしておいたほうがうまく揚げられます。

はねるのが怖いです。どうしたらいいですか？

油はねする素材はそんなにないですよ

揚げものははねるイメージがあるみたいですけど、きちんと水けをふいて揚げれば大丈夫です。ししとうのように中が空洞になっているものは、そのまま揚げるとはじけやすいので、竹串で刺すなどして空気を抜いておきましょう。こういう基本的な下ごしらえをしておけば、ほぼはねません。芽キャベツやパセリの素揚げはけっこうパチパチッと音がしますが、猛烈にはねるというわけではないので心配しないで。

あ、でもタコはパチッとはねますね(笑)。タコのように油はねをするものは、油に入れたら蓋をしちゃって、「音がしなくなったかな?」というところで蓋を開けて、蒸気を逃すようにしています。とうもろこしを芯ごと揚げるとはねます。けっこうドキドキです。でも芯から外せば問題ないですよ。素材の特徴がわかってくれば怖くなくなります。

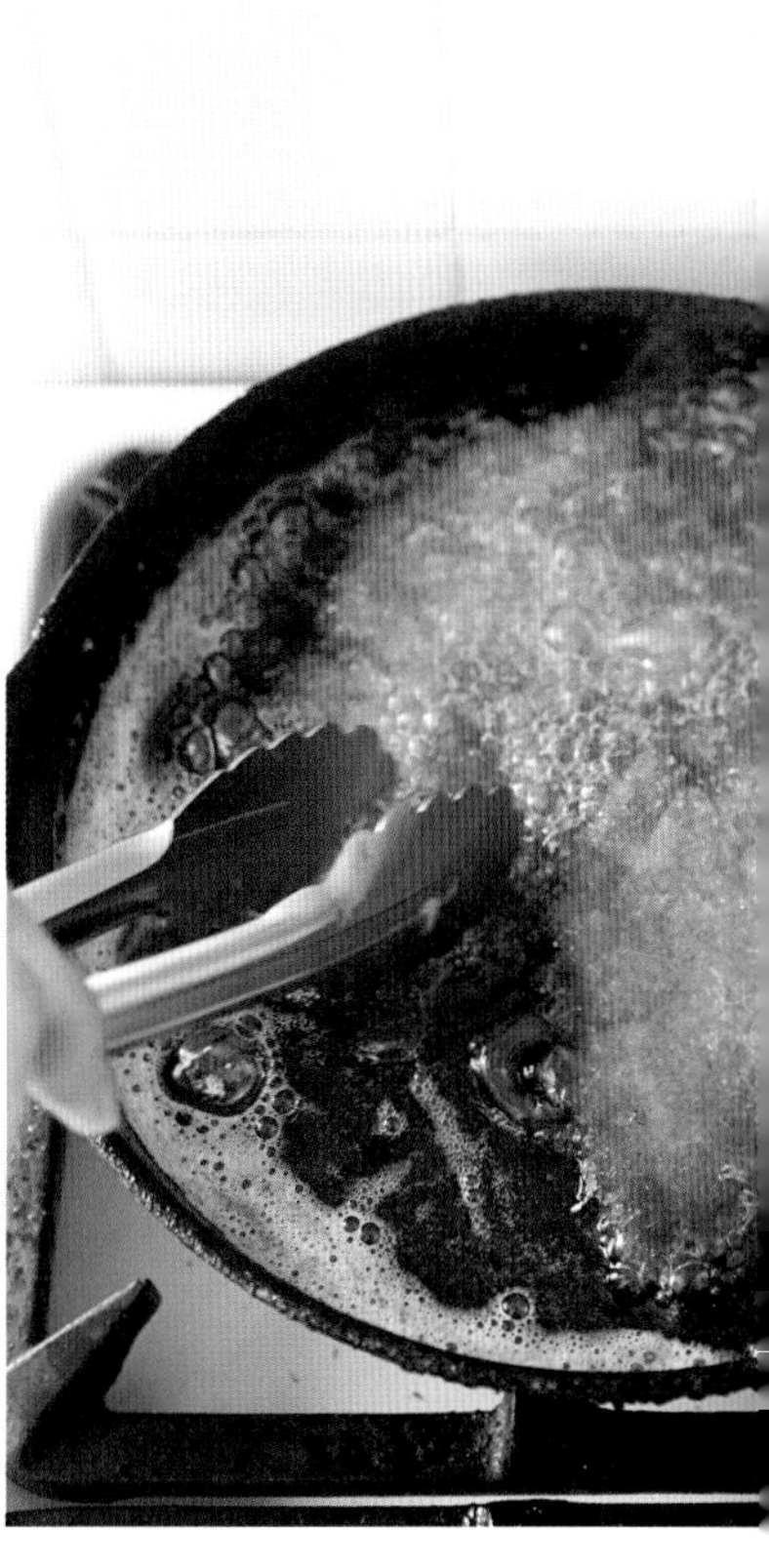

もくじ

家で揚げるともっとおいしい

本書で表記されている分量は、1カップ＝200㎖、大さじ1＝15㎖、小さじ1＝5㎖です。塩は粗塩を使います。

【サラダ油のこと】
この本では、基本の揚げ油に「サラダ油」を使用しています。サラダ油とは、日本農林規格（JAS）が規定する、なたね、大豆、米、綿実、とうもろこし、ひまわりなどを原料とした精製度の高い植物性の油で、低温でも白濁せず、軽く、淡白な風味が特長です。

【油の量について】
ほとんどの揚げ油の量は「適量」としています。多めに使ったほうが失敗がないのは確かですが（パン粉をつけて揚げるものは特に）、鍋の大きさや揚げる分量と相談しながら適度な量を探してみてください。

【油の温度について】
それぞれの料理に適した油の温度をレシピに記しました。中温で揚げるものが多いです。おおよその目安を記します。

＊低温（150〜160℃）
火が通りにくくじっくり揚げるとき。菜箸を油に入れてしばらくすると、先から細かい泡がゆっくり上がってくる状態。

＊中温（170℃前後）
中までしっかり火を通し、表面はカリッと色よく仕上げる一般的な揚げものに適した温度。菜箸を入れると細かい泡がしゅわしゅわっと全体に出てくる。

＊高温（180℃〜190℃）
最後にカラッと揚げたいとき、火が通りやすいものを揚げるとき。菜箸を入れると泡がいきおいよく上がってくる。

素揚げする

素揚げは、素材をそのまま揚げ油に入れる、もっともシンプルな揚げ方です。そのおいしさを実感できるのは、なんといっても野菜！　びっくりするほど味わい深くなります。

高温で一気に熱が入るから、水分が抜けて、そのぶん素材の味がギュッと閉じ込められます。色は鮮やかになり、油のコクが加わって、うまみや甘みが出てくる。しかも、不思議とえぐみのような、余分な味は抜けています。野菜の持ち味を１２０パーセント引き出せるのです。

揚げたてに塩をふって食べるだけでもおいしいけれど、素材の風味がアップした分、ほかの素材と組み合わせると、おいしさの足し算が掛け算になり、料理のレパートリーが広がります。

たとえば、揚げたたまねぎにビネガーをかけるだけで、おいしいサラダになるし、揚げたいんげんとねぎとザーサイをあえればごはんに合うおかずになります。肉や魚を合わせれば、まさにごちそうです。

素揚げは楽チンなんです。大げさに考えず、まずは手持ちの小さめのフライパンか鍋に、少しの油を入れて、季節の野菜をいろいろ揚げてみましょう。

野菜の素揚げで一番好きなのはいんげんです。揚げると、劇的に変わる。ゆでると、火が通ってもキシキシとした食感になりますが、揚げると皮のかたさや青くささ、アクがとれて、いいところだけが残ります。揚げていくうちに、表情が変わっていくのを見守るのも楽しい。どんどん色鮮やかになって、表面の皮がふくらみ、しわが寄ってきます。

材料 2～3人分

いんげん…250g

たまねぎドレッシング

たまねぎ…1/2個

フレンチマスタード…小さじ1

米酢…大さじ1

塩…小さじ2/3

オリーブオイル…大さじ3

白こしょう…少々

揚げ油

サラダ油…適量

揚げてあるのにドレッシング!? と思うかもしれませんが、熱々の揚げたてにドレッシングがよくしみておいしいのです。

いんげんのたまねぎドレッシングあえ

作り方

1 いんげんはへたを取る。

2 ドレッシングを作る。たまねぎはすりおろし、マスタード、米酢、塩と合わせてよく混ぜる。オリーブオイルを少しずつ注いで混ぜ、最後にこしょうをふる。

3 揚げ油を170～180℃に熱し、いんげんを素揚げする。色が鮮やかになり、薄皮がふくらんできたらおいしくなったサインなので引き上げる。

4 網に上げて油をしっかりと切り、ボウルに熱々を入れてドレッシングとあえる。

いんげんの中華炒め

揚げいんげんに、干しえびとザーサイの塩けがよく合います。炒めた具にあえる感じで、ササッと。酢を少し加えてさっぱりと。

材料 2～3人分

いんげん…150g
干しえび…15g
ザーサイ（塩漬け）…50g
米酢…小さじ2
塩…少々
サラダ油…小さじ2

揚げ油

サラダ油…適量

作り方

1 いんげんはへたを取り、半分の長さに切る。

2 干しえびは湯に30分ほどつけてもどし、みじん切りにする。塩漬けのザーサイは1～2時間ほど水につけてもどし、みじん切りにする。

3 揚げ油を170～180℃に熱し、いんげんを素揚げする。網に上げて油を切る。

4 別のフライパンか中華鍋に油をひいて、**2**を炒め、いんげんを加えてさっと合わせ、米酢、塩を加える。

材料 2～3人分
いんげん…150g
青唐辛子…2～3本
紫たまねぎ…1/4個
しょうが…大1かけ
にんにく…1かけ
豚ひき肉…150g
カレー粉…小さじ2
クミンシード…小さじ2
しょうゆ…小さじ2
塩…小さじ1/3
黒こしょう…少々
サラダ油…少々
ゆで卵…1個

揚げ油
サラダ油…適量

揚げたいんげんはサクサクッとした歯ざわり。クミンをきかせたキーマカレーとからむといい感じです。いんげんは少し短めに切って。

いんげんのキーマ風

作り方

1 いんげんはへたを取り、3～4㎝の長さに切る。青唐辛子は縦半分か4等分に切る。紫たまねぎ、しょうが、にんにくはみじん切りにする。

2 揚げ油を170～180℃に熱し、青唐辛子を揚げて網に取る。次にいんげんを揚げ、網に上げて油を切る。

3 フライパンに薄く油をひき、弱火でしょうがとにんにくを炒める。香りが出てきたら豚ひき肉を入れ、強火で炒める。紫たまねぎを入れて炒め合わせ、青唐辛子、いんげんを加え、カレー粉、クミンシード、しょうゆ、塩、こしょうで味をととのえる。

4 器に盛り、手でくずしたゆで卵を添える。

なすは、とりわけ油と相性のよい野菜です。また、地方によって大きさや形が違う多様性も魅力。揚げると個性が際立ち、よりおいしくなります。ここでは、いろいろな種類のなすを使った素揚げをご紹介。調理方法や味つけも、なすの特徴に合わせています。どんななすでも作れますが、手に入る種類があったらぜひ試してみてください。

なすの揚げびたし

京野菜の賀茂なす、新潟県の巾着なすのような丸なすは、実が詰まっていて、素揚げ向き。湯をかけて油抜きをすると、すっきりとした仕上がりに。

材料 2～3人分

なす(米なす、丸なすなど)…3～4本
だし…2カップ
みりん…大さじ2
しょうゆ…小さじ1
薄口しょうゆ…小さじ2

揚げ油
サラダ油…適量

作り方

1 なすはピーラーで皮を薄くむき、縦に4等分する。皮は細く切る。

2 揚げ油を170℃に熱し、なすを竹串がすっと入るくらいまでじっくり揚げて油を切る。揚がったなすはざるに並べ、熱湯をさっと回しかけて油抜きをする。

3 皮も、カラッとするまで揚げる。

4 鍋にだし、みりんを入れて沸騰させ、なすを入れる。弱火にしてしょうゆ、薄口しょうゆを加え、落としぶたをして、10～15分煮る。

5 粗熱がとれたら冷蔵庫でしっかり冷やす。盛りつけてなすの皮を添える。

揚げても果肉がくずれにくい小ぶりななすは、あえもの向き。ドライトマトとワインビネガーの酸味でワインにもぴったりの一品に。

なすのドライトマトだれ

材料 2〜3人分
なす（小ぶりのもの）…3〜4個
ドライトマト（オイル漬け）…30g
赤ワインビネガー…大さじ1
しょうゆ…小さじ2
塩…適量
イタリアンパセリ…適量

揚げ油
サラダ油…適量

作り方
1 なすは縦半分に切る。
2 ドライトマトは包丁でたたいてペースト状にし、ビネガー、しょうゆ、塩を加えて混ぜる。
3 揚げ油を170℃に熱し、なすを入れて竹串がすっと通るまでじっくり揚げる。油を切って軽く塩をふる。
4 揚げたなすをボウルに入れ、2を加えてざっとあえる。イタリアンパセリをみじん切りにして散らす。

なすのミントパスタ

なすはじっくり揚げて半分は具に、半分はつぶしてスパイスを加え、ソースにします。揚げなすとフレッシュミントの組み合わせを楽しんで。

材料 2～3人分

なす…6～8本
にんにく…1かけ
赤唐辛子…小2本
クミンパウダー…小さじ1/4
塩…適量
黒こしょう…適量
スパゲティ（1.9㎜）…200g
ミント…1パック
パプリカパウダー…少々

揚げ油
オリーブオイル…適量

作り方

1 なすの半量は皮を縦にしま目にむく。残りはすべて皮をむく。それぞれ2～3㎝の輪切りにする。
2 多めのオリーブオイルでなすをゆっくり、押すとつぶれるぐらいまで揚げ焼きにし、塩少々して取り出す。
3 皮をすべてむいたほうのなすをフォークでつぶす。
4 にんにくは薄切りにし、赤唐辛子はきざむ。**2**で残ったオリーブオイルににんにくを入れて弱火にかけ、ゆっくりと香りを出す。赤唐辛子を入れ、クミンパウダー とつぶしたなす、塩小さじ1/2、黒こしょうを加え炒め合わせる。
5 パスタは塩を入れた湯で表示時間の2分前までゆでる。
6 ミントは最後に添える少々を残して粗くきざむ。
7 **4**のソースにパスタのゆで汁100㎖を加え、味をみて塩でととのえる。パスタときざんだミントを加えて全体をあえる。
8 盛りつけて、残りのなすをのせ、パプリカパウダーをふり、ミントを添える。

じゃがいもは意外に水分が多いので、いかにうまく水分を抜くかがポイントです。また、じゃがいものでんぷんをどう扱うかによって、揚げ上がりも大きく変わります。ここでは、大きいままでむっちりと揚げる方法と、せん切りにしてカリカリッと軽く揚げる方法をご紹介します。

ポテトフライ サワークリームといくら添え

材料 2～3人分
じゃがいも(男爵)…4～6個
塩…適量
サワークリーム…適量
いくら…適量

揚げ油
サラダ油…適量

じゃがいもは大きいものを生のまま揚げるとなかなか色づかず、油っぽくなりがち。蒸して時間をおいてから揚げることで、でんぷんの質が変わって甘みが増し、中はむっちり、表面はカリッと揚がります。切るのではなく、ちぎって揚げることで食感にもメリハリが出ます。

作り方

1 じゃがいもはよく洗って皮ごと20～30分、竹串がすっと通るまで蒸して(ゆでてもよい)、しっかり冷ます。冷蔵庫で一晩おくとさらにおいしくなる。
2 揚げ油を180℃に熱する。
3 じゃがいもを2～3等分にちぎりながら油に入れ(a)、色よくじっくり揚げる。バットに取り、塩をふる。
4 **3**を器に盛り、サワークリームといくらを添える。

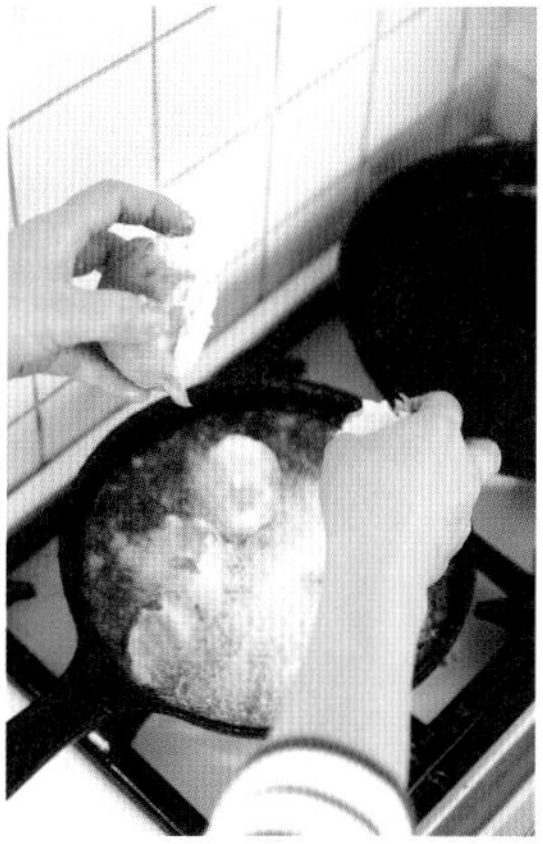

揚げじゃがいものサクサクサラダ

材料 2～3人分
じゃがいも（メークイン）…2個
鶏ささみ…2本
セロリ…1/2本
パプリカ…1/8個
白ワイン…大さじ1
オリーブオイル…少々
塩…適量
白ワインビネガー…小さじ1
香菜…適宜

揚げ油
サラダ油…適量

作り方

1 ささみは筋を取り除く。鍋にささみがしっかりつかるくらいの水と白ワインを入れて沸かし、ささみを入れたら火を止めてふたをして20～30分おく。取り出して細く裂く。

2 じゃがいもはごく細切りにして水にさらし、2～3回水を変える。

3 セロリとパプリカはそれぞれごく細切りにする。

4 揚げ油を180℃に熱し、水気を切ったじゃがいもを入れて、ときどき箸でほぐしながら全体が色づくまで揚げる(a)。

5 ボウルにセロリとパプリカ、ささみを入れ、オリーブオイル、塩、ビネガーの順であえる。最後にじゃがいもと香菜を加えてひと混ぜし、盛り付ける。

細切りのじゃがいもを水でさらしてでんぷんを落とし、サクサクの揚げ上がりを目指します。それをシャキシャキの生野菜と混ぜ合わせると、最高においしくなるのです！　じゃがいもの細切りは面倒だけれど、その甲斐あるおいしさです。必ず、食べる直前にあえましょう。

芽キャベツのゴロッと揚げ

材料 3～4人分
芽キャベツ…20個
塩…適量
レモン…1/4個

揚げ油
サラダ油…適量

作り方

1 芽キャベツは汚れた部分を取り、へたに十字の切り込みを入れる。

2 揚げ油を180℃に熱し、芽キャベツを黒っぽくなるまでじっくり揚げる。

3 皿に盛り、塩をふる。レモンを添えて。

芽キャベツは糖度の高い野菜です。揚げると水分が抜けて、香り、苦み、甘みがわーっと出てきます。少しパチパチはねますが、その先にこんがりとしたおいしさが待っているから怖がらないで。焦げすぎかな、と思うくらいまで揚げるとぐっと甘くなります。

揚げパセリのシーザーサラダ

パセリは、料理の添えものに使われることの多い脇役的な存在ですが、立派な香り野菜。力強い香りがあります。揚げると、青くささが消えるし、葉がチリチリになってサクッとした食感になるのも魅力。生のロメインレタスやチーズ入りドレッシングともよくからみ、全体をまとめてくれます。

材料 2～3人分

パセリ…3～4本
バゲット…20cmくらい
ロメインレタス…1/2株
ドレッシング
　にんにく…1/4かけ
　卵黄…1個
　レモン汁…小さじ1
　塩…小さじ1/3
　フレンチマスタード…小さじ1
　ウスターソース…小さじ1/2
　白ワインビネガー…小さじ1/2
　オリーブオイル…40mℓ
　パルメザンチーズ…大さじ1
黒こしょう…適量
パルメザンチーズ…適量

揚げ油
　サラダ油…適量

作り方

1 ドレッシングを作る。にんにくをすり鉢でつぶし、卵黄を加え、レモン汁、塩、フレンチマスタード、ウスターソース、ビネガーを加えて混ぜ、オリーブオイルを少しずつ加えてとろりとするまで撹拌する。さらに、すりおろしたパルメザンチーズを加えて混ぜ、水を小さじ1～2杯加えて、全体になじみやすい濃度に調整する。

2 パセリは葉を小分けにし、ロメインレタスも一枚ずつ葉をはがし、冷水につけてパリッとさせる。その後しっかりと水気を切る。

3 揚げ油を180℃に熱し、パセリを揚げる(a)。色が鮮やかになったら手早くバットに上げて油を切る。

4 バゲットは3cm角に切り、パセリを揚げた油で揚げる。

5 ロメインレタスを3～4等分にちぎってボウルに入れ、**4**と、**1**のドレッシング大さじ1～2を加えて手でざっくりとあえ、盛りつける。残りのドレッシングをかけ、パセリをたっぷりのせて、黒こしょうとパルメザンチーズをかける。

油に入れるとパチパチと音をたてるがあわてずに。色鮮やかになったらすぐに引き上げること。その後サクッと仕上がる。

たっぷり紫たまねぎと牛すね肉の甘酢あえ

紫たまねぎはけっこう辛みがありますが、揚げるとまろやかになり、甘さも増します。それを赤ワインビネガーとはちみつで煮た牛すね肉とあえるのです。シャキシャキと歯切れのよい揚げたまねぎと、ほろほろのすね肉の相性は抜群で、いくらでも食べていたくなる味です。

材料 3～4人分

紫たまねぎ…2個
牛すね肉…500g
赤ワインビネガー…1カップ
砂糖…40g
はちみつ…大さじ3
オリーブオイル…少々
ホワイトバルサミコ(甘口)…大さじ1
塩…小さじ1
黒こしょう…適量

揚げ油
サラダ油…適量

作り方

1 牛すね肉は鍋に入れて水をたっぷりかぶるくらいまでそそぎ、中火にかける。沸騰したらアクを取り、弱火にして1時間から1時間半ほど、柔らかくなるまで煮る(途中、水が少なくなったらかぶるくらいまで足す)。火を止めたらそのまま冷ます。圧力鍋の場合は20分ほど圧をかけ、そのまま冷ます。

2 ゆでた牛すね肉を大きくほぐして鍋に入れ、ビネガー、砂糖、はちみつを加えて水分が少なくなるまで煮詰める。

3 紫たまねぎはくし切りにする。揚げ油を180℃に熱し、紫たまねぎの色が鮮やかになるまで揚げる(a)。

4 **2**と揚げたての紫たまねぎをボウルに入れ、オリーブオイル、ホワイトバルサミコ、塩を加えてあえる。仕上げにこしょうをふる。

牛すね肉のゆで汁は、スープストックとして利用してください。スープやカレーに、また大根を煮たりうどんのだしにしてもおいしいです。冷蔵庫で保存すれば1週間程度はもちます。

ひらひら揚げごぼうとカレーうどん

材料 2～3人分

ごぼう…2本
たまねぎ…2個
しょうが…大1かけ
バター…大さじ2
カレー粉…大さじ3
薄力粉…大さじ2
だし…5カップ
しょうゆ…大さじ5～
塩…小さじ1
砂糖…小さじ4
牛乳…2カップ
生クリーム…1/2カップ～
稲庭うどん…200g

揚げ油
サラダ油…適量

作り方

1 たまねぎ、しょうがはそれぞれすりおろすか、フードプロセッサーで細かくする。薄力粉はふるう。

2 鍋にバターを熱し、**1**のたまねぎとしょうがを加えて20分ほどじっくり炒める。全体にあめ色になってきたらカレー粉を加えて炒め、さらに**1**の薄力粉も加えて炒め合わせる。

3 **2**にだしを少しずつ加えて煮立て、しょうゆ、塩、砂糖、牛乳を加える。

4 味をみて生クリームを加える。好みで量は調整する。

5 ごぼうは皮をよく洗い、ピーラーでリボン状に削る(a)。水に5分ほどさらして、しっかりと水気を切る。

6 揚げ油を180℃に熱し、ごぼうを入れる。水分が抜けてきて薄く色づくまで揚げる。

7 うどんはゆでて水気を切り、器に盛る。**4**のカレースープを注ぎ、**6**のごぼうをたっぷりのせる。

a

ピーラーでごく薄く削ったごぼうは一瞬でサクサクに揚がり、香りも立ちます。これはスパイシーなカレーうどんの汁に、絶対合うはず！　と考えて、この組み合わせにしました。汁はさらさらにするところが大事。ごぼうをうどんとからめながら召し上がれ。

ファラフェル

材料　15〜16個分
ファラフェル
ひよこ豆…200g
パセリ…2〜3枝
香菜…ひと束
にんにく…1/2かけ
エシャロット…1個
クミンパウダー
…小さじ1/2
塩…小さじ1/2
紫キャベツ…1/3個
塩、酢、オリーブオイル
…適量
サニーレタス、ミント
…適宜

揚げ油
サラダ油…適量

作り方

1 ひよこ豆はたっぷりの水にひと晩浸ける(**a**)。ザルなどに上げ、フードプロセッサーでペースト状になるまで撹拌する。

2 パセリ、香菜、にんにく、エシャロットはみじん切りにし、クミンパウダー、塩とともに**1**に加えて練り混ぜる。ピンポン球くらいの大きさに丸める(**b**)。

3 揚げ油を180℃に熱し、色よく揚げる。

4 紫キャベツはせん切りにしてさっとゆで、水気をしっかりしぼる。塩、酢、オリーブオイルであえる。

5 サニーレタス、ミントなどの野菜と**4**の紫キャベツを添え、盛り付ける。

b

a

ファラフェルは中東料理。水で戻したひよこ豆を砕いてスパイスと混ぜ合わせ、丸めて揚げます。衣はつけていないのに、カリッと香ばしく、食べごたえがあります。

column

ファラフェルにおすすめ！

ヨーグルトソース

材料　2人分
プレーンヨーグルト…100g
にんにくすりおろし
…小さじ1/3
オリーブオイル…大さじ2
クミンパウダー…小さじ1/3
レモン汁…小さじ1/2
塩…小さじ1/2

作り方
材料をよく混ぜ合わせる。

【食べ方ヒント】
半分に切ったピタパンに、ファラフェルとサニーレタス、紫キャベツ、ミントなどをはさみ、ヨーグルトソースをかけます。葉野菜やハーブは好みのもので。

しょうがオイルで

たことはっさくのサラダ

材料 2〜3人分

たこ(刺身用)…200g
はっさく…1個
きゅうり…1本
塩…小さじ2/3
しょうゆ…少々
米酢…大さじ1

しょうがオイル

しょうが…大1かけ
オリーブオイル…大さじ4〜5

作り方

1 たこは薄切りにしてボウルに入れる。はっさくは皮と薄皮をむき、果肉を取り出す。きゅうりは小口切りにして軽く塩をふり、水気をしぼる。

2 しょうがはごく細切りにする。

3 フライパンにオリーブオイルとしょうがを入れて、絶えず菜箸でかきまわしながら、しょうががチリチリになるまで揚げる(**a**)。

4 熱々の**3**をたこにジャッとかける(**b**)。塩、しょうゆ、米酢を加え、きゅうり、はっさくを入れてあえる。

a

しょうがは細いほど繊細な仕上がりになり、香りが引き立つ。

b

アツアツの油をかけることで、たこに軽く火が通り、生ぐささを取り、うまみを出す。

香味野菜を刻んで素揚げすると、油によい香りが移るので、香味オイルと呼んでいます。ここではしょうが。細切りにして、チリチリになるまで揚げて水分をとばしましょう。熱いうちにたこにかけ、酢や塩を加えると、香りをまとったサラダ仕立てになります。揚げたしょうがも具として楽しみます。

しょうが
オイルで

甘とうがらし揚げと豆腐

香味オイルは、野菜はもちろん揚げる油によっても香りが違ってきます。ここでは、上品な香りの白いごま油でしょうがをチリチリに揚げました。さらに、その油で甘とうがらしを揚げ焼きにして、香りをまとわせます。豆腐がごちそうに！

材料 2人分

ししとう、万願寺とうがらし、
　伏見甘とうがらしなど
　…合わせて20本くらい
豆腐…1丁
塩…適量
しょうゆ…小さじ1＋1
米酢…小さじ2

しょうがオイル
　しょうが…2かけ
　太白ごま油…3/4カップ

作り方

1 豆腐はおたまなどで大きくすくって器に盛る。塩を少々ふり、しょうゆ、米酢をまわしかける。

2 甘とうがらしは竹串などでところどころに穴をあける(a)。しょうがはごく細いせん切りにする。

3 フライパンか中華鍋にごま油を入れ、しょうがを加えてゆっくり加熱し、絶えずかき混ぜる。しょうがが全体に色づいてチリチリになったら取り出す。

4 3の油に甘とうがらしを加えて一気に揚げ焼きにし(b)、しょうゆ、塩をまわしかけてざっと炒め合わせる。

5 油ごと1の豆腐にのせ、揚げたしょうがも添える。

エシャロットオイルで

あさりのフォー

材料 2～3人分

あさり（殻つき）…300g
もやし…1/2袋
塩…小さじ1/2
ナンプラー…大さじ1
フォー…150g
サニーレタス、香菜、ミント、ライムなど…適宜

エシャロットオイル

エシャロット…2個
サラダ油…大さじ4～5

ベトナム料理の香味野菜といえば、エシャロット。素揚げしたものをサラダやお粥、炒めものなどいろいろな料理にかけて食べます。あっさりしたフォーにかけると、うまみとアクセントがプラスできます。揚げるとき、色づき始めたら一気に茶色くなるので、手早く取り出して。

b

a

作り方

1 もやしはひげ根を取り、さっとゆでておく。エシャロットは薄切りにする。

2 サラダ油を熱し、エシャロットを入れる。ときどき全体を混ぜながらゆっくり揚げ(a)、色づいたらすぐ引き上げる(b)。

3 砂抜きしたあさりは鍋に入れ、水3カップを加えてふたをして火にかける。口が開いたら火を止め、あさりを取り出す。

4 **3**のあさりのゆで汁に、塩、ナンプラーを加えて調味する。

5 フォーをゆで、ぬるま湯でぬめりを洗って器に入れる。

6 **4**のスープを温め、**1**のもやしを入れてさっと煮立て、**5**によそう。

7 **2**のオイルをかけ、取り出したあさり、サニーレタス、香菜、ミント、ライムなどと、揚げたエシャロットをたっぷりのせる。

レモングラスオイルで

ラープ

ラープは、タイやラオスのサラダです。肉のうまみと炒り米の香ばしさ、ハーブの香りなどさまざまな要素が混ざり合っているところに、揚げたレモングラスとオイルのさわやかな香りとコクが加わると、いつまでも食べられるおいしさに！

材料 2～3人分

豚肩ロース肉（ひき肉でも）…200g
米…大さじ3
エシャロット…1個
にんにく…1かけ
ナンプラー…大さじ1
塩…少々
ライムの搾り汁…大さじ1
キャベツ…1/8個
香菜…1束
ライム…適宜

レモングラスオイル

レモングラス…4～5本
青唐辛子…2～3本
こぶみかんの葉…3～4枚
サラダ油…大さじ4～5

作り方

1 豚肉は細かく切り、包丁でたたく。

2 エシャロットはみじん切りにする。にんにくはつぶす。

3 米はフライパンで色がつくまでから炒りし、フードプロセッサーなどで砕いておく。

4 レモングラスは縦半分にして小口切りにする。青唐辛子は斜め切りにする。

5 フライパンにサラダ油を熱し、**4**のレモングラスを入れて中火にかけながらゆっくりと揚げる。色づいて香りが出てきたら網に取る。同じ油でこぶみかんの葉を揚げ、取り出す。同様に**4**の青唐辛子を揚げて引き上げる。

6 **1**の豚肉と水1/2カップを鍋に入れて煮立て、アクが出てきたら取り除く。

7 豚肉に火が通ったら煮汁ごとボウルにあけ、ナンプラー、塩、ライムの搾り汁を加えてあえる。**2**のエシャロットとにんにく、**3**の米、**5**のレモングラスとこぶみかん、青唐辛子を加え、**5**のオイルを熱々にしてかけ(a)、ざっくりあえる。

8 皿に盛りつけ、くし切りのキャベツと香菜、ライムを添える。

粉で揚げる

ここでは、粉をまとわせる揚げものをご紹介します。下味をつけた素材に片栗粉をまぶすだけの竜田揚げや、調味料に薄力粉を混ぜこんでねちっとした衣にする唐揚げ。粘度のある衣をからめるフリットなどなど、粉のつかい方にもいろいろあります。それによって、素材の火の通りが違ってくるし、サクサクッ、ふっくら、ガリガリッと、まったく違う食感になるのです！

一番よく使うのは小麦粉（薄力粉、強力粉）。水分と合わさるとグルテンが生まれ、粘りが出て素材と衣をくっつける「のり」がわりになったり、粘度のある衣になったりします。

わたしはのりがわりに素材にまぶす小麦粉はサラサラしている強力粉

をつかいますが、なければ薄力粉でもかまいません。

粘度のある衣は、素材のまわりに壁を作るので、揚げると、衣の水分が抜けてカリッとしつつ、素材は蒸されるような状態になって、しっとりしたおいしさになります。

また、グルテンの出ない片栗粉は、サクサクッと軽い揚げ上がりになるし、コーングリッツは香ばしくてガリッとした食感、上新粉は米の香ばしさが加わるなど、粉の種類によっても、食感や香りが違うのも面白いところ。

粉の特徴を知って、仕上がりの歯ざわりや風味を想像しながら揚げると、もっともっと楽しくなりますよ。

表面はカリッと、その下はふっくら、という、まるで層になっているかのような独特な食感が魅力です。これは、ねっとり衣の上から薄力粉をまぶす、という2度づけテクニックのおかげ。衣もはがれにくくなります。牛乳とレモンを混ぜた「レモン牛乳」の下味でさわやかな風味に。

オニオンリングフライ

材料 2～3人分

たまねぎ…2個

衣

- 牛乳…1カップ
- レモン汁…小さじ4
- 塩、白こしょう…少々
- 薄力粉…100g

薄力粉…適量

揚げ油

サラダ油…適量

作り方

1 たまねぎは1㎝幅の輪切りにし、リング状にほぐす。

2 牛乳にレモン汁を加えてしばらくおく。

3 2のレモン牛乳に塩、こしょうを加え、たまねぎを入れて(a)、30分~1時間ほどおく。

4 3にふるった薄力粉100gを加えて全体をよく混ぜ合わせる(b)。

5 別のバットに薄力粉を入れ、たまねぎを一つずつ入れて粉をまぶし、170~180℃に熱した揚げ油でこんがりきつね色になるまで揚げる。

a

b

アメリカではよく、フライドチキンの衣やパンケーキに、バターミルク(バターをつくるときに残る液体)をつかいます。ここでは、その代用として、牛乳にレモンを混ぜた「レモン牛乳」にしました。スパイスとともに下味をつけ、卵もからませるので、衣はふっくらと揚がります。でも、表面はコーングリッツのガリガリッとした独特の食感に！　材料はすぐに手に入れられるものばかりなので、ぜひお試しを！

南部風フライドチキン

作り方 47 ページ

南部風フライドチキン

材料 4人分
鶏もも肉(骨つき)…4本
下味
　牛乳…1カップ
　レモン汁…大さじ1
　にんにく…1かけ
　塩…小さじ2
　ドライオレガノ、ドライタイム、
　　黒こしょう…各小さじ1
　パプリカパウダー…小さじ2
　カイエンヌペッパー…小さじ1/4
　タバスコ…大さじ1～
　溶き卵…1個分
レモン…適宜

衣
　薄力粉…1カップ
　コーングリッツ…1/4カップ
　塩…適量
　黒こしょう…適量

揚げ油
　サラダ油…適量
　ラード…適量(サラダ油の1/3量)

作り方

1 鶏肉は関節のところで二つに切り分け、フォークでところどころ刺して味がしみこみやすくする。

2 牛乳にレモン汁を加えて30分ほどおき(a)、すりおろしたにんにく、塩、スパイス類、タバスコを加える。

3 **2**に鶏肉を加えて密封袋などに入れ、冷蔵庫で一晩以上漬け込む。

4 薄力粉、コーングリッツ、塩、黒こしょうを合わせて混ぜる(b)。

5 **3**の鶏肉をボウルに移し、溶き卵を加えて、全体を混ぜ合わせる(c)。**4**の衣をたっぷりつける。

6 サラダ油にラードを加え(d)、170℃に熱する。肉を入れて10～13分ほど、ゆっくりと揚げる(e)(f)。

7 皿に盛りつけ、レモンを添える。

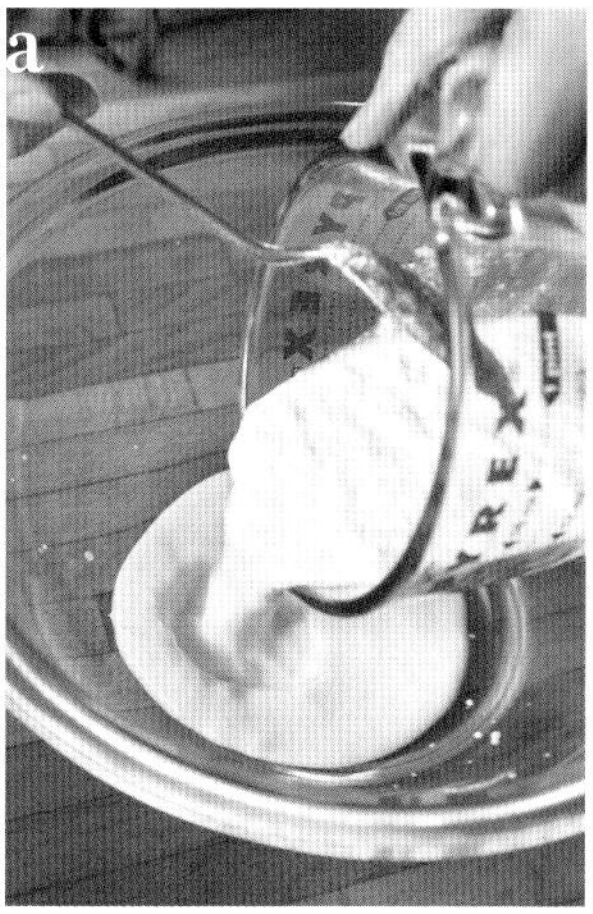

a
牛乳にレモンを加えて 30 分ほどおくとタンパク質が固まってホロホロしてくる。肉を柔らかくし、くさみも取る。

b
コーングリッツを加えることでガリガリの衣に！

c
漬け込んだ肉に卵をたっぷりからませて。

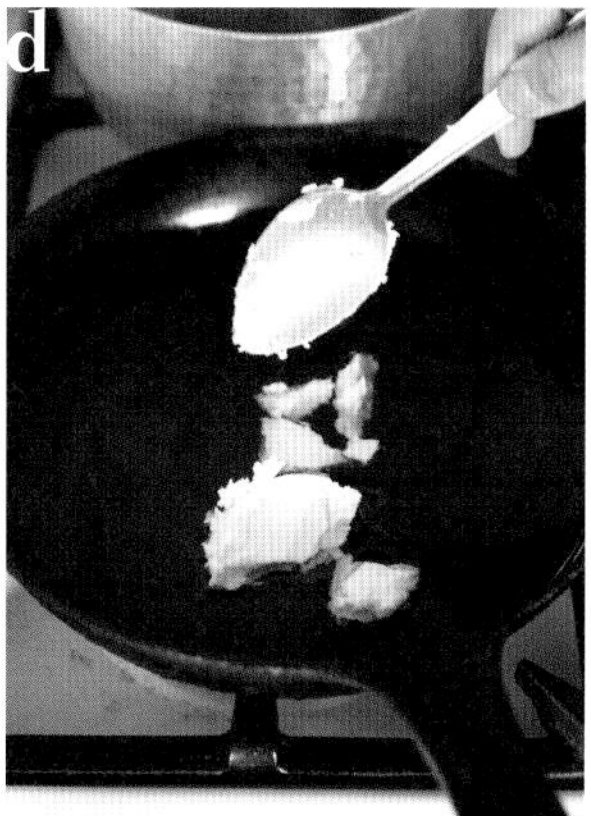

d
肉が半分以上は浸かるように深めのフライパンで。ラードの量はサラダ油の 1/3 くらい。

e
骨つき肉は火が通りにくいので、じっくり、ゆっくり。

肉がひとまわりほど小さくなって軽くなり、返した時シャーという音に変わってきたら､揚げ上がりの合図。

SARSON'S
Malt
VINEGAR
1794
ESTD
SINCE

フィッシュ＆チップス

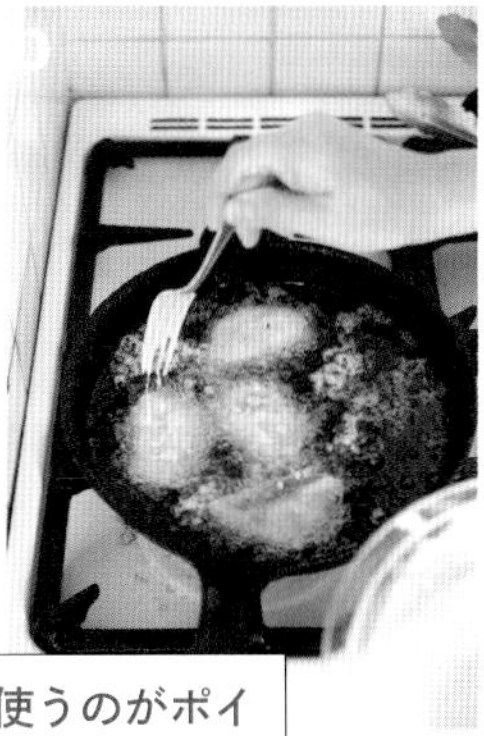

b

a

ビールとベーキングパウダーを使うのがポイントです。炭酸をたっぷり含ませると、衣が泡でふくらみ、水分が抜けて軽い揚げ上がりになるのです。しかも、粉の一部をグルテンのないコーンスターチにすることで、より軽く、サクサクに！ やわらかな白身魚にぴったりの衣です。

材料 2〜3人分

じゃがいも…4個
たら…4切れ
塩、こしょう…各少々
モルトビネガー…適宜

衣

強力粉…適量

- 薄力粉…50g
- コーンスターチ…30g
- ベーキングパウダー…小さじ1
- ターメリック…小さじ1/4
- カイエンヌペッパー…少々
- パプリカパウダー…小さじ1/4
- 塩…少々
- ビール…1/2カップ

揚げ油

サラダ油…適量

モルトビネガーをたっぷりふりかけて。なければレモンやワインビネガーでも。

作り方

1 じゃがいもは皮つきのまま蒸すかゆでるかし、皮をむいて完全に冷ましてから、太めの拍子木切りにする。

2 たらは1切れを半分くらいの大きさにそぎ切りし、軽く塩、こしょうをふって薄く強力粉をまぶす。

3 衣の薄力粉、コーンスターチ、ベーキングパウダーはふるう。

4 ボウルに**3**の粉類とスパイス、塩を入れ、冷たいビールを加えて混ぜる(**a**)。

5 揚げ油を180℃に熱し、じゃがいもをゆっくり、こんがりするまで揚げる。

6 たらを**4**の衣にくぐらせながら、全体がこんがりときつね色になるまで揚げる(**b**)。

やりいかと野菜のフリット

作り方

1 やりいかは足をひっぱり、ワタを抜いてさっと水洗いする。胴体を輪切りにし、足は吸盤を取り除いて食べやすい長さに切る。カリフラワーは小房に分ける。ヤングコーンは皮をむき、ヒゲを取る。

2 ボウルに溶き卵、冷えたビールを入れてよく混ぜ合わせる。塩、ふるった薄力粉を加え、軽く混ぜる。

3 セモリナ粉はバットに広げておく。**1**に薄く強力粉をまぶし、**2**の衣にくぐらせ、セモリナ粉をたっぷりつける(a)。

4 オリーブオイルを170℃に熱する。野菜、いかの順に、カラリと色づくように揚げ、油を切る。

5 アリオリマヨネーズの材料を混ぜ、塩などと共に添える。

材料 2～3人分
やりいか…4～5杯
カリフラワー…1株
ヤングコーン…5～6本
アリオリマヨネーズ
　マヨネーズ…大さじ3
　にんにくのすりおろし
　　…1/4個分
　卵黄…1個
レモン、塩…適宜

衣
- 溶き卵…1/2個分
- ビール…1/2カップ
- 塩…小さじ1/2
- 薄力粉…70g

セモリナ粉…適量
強力粉…適量

揚げ油
オリーブオイル…適量

このフリットは、ビール入りのふっくらした軽い衣の表面に、デュラムセモリナ粉をからめて揚げます。パスタの原料となるデュラム小麦のあらびき粉なので、食感が複雑になるうえに、小麦の香ばしい香りが食欲をそそります。アリオリマヨネーズで手が止まらない！

セモリナ粉は揚げる直前にからめる。少しまだらになってもかまわない。

鶏肉のココナッツ揚げ

ナンプラーとココナッツミルクの風味がたまらない、エキゾチックな鶏肉揚げ。うるち米が原料の上新粉をまぶして揚げるので、カリカリッとした衣のなかに、おせんべいのような香ばしさを感じます。上新粉はきめが細かいので、汁けとよくなじみ、衣がしっかりつくのも特徴です。

材料 4～5人分

鶏骨つきぶつ切り肉…800g
下味
　塩…小さじ 1/2
　白こしょう…少々
　にんにく…1 かけ
　香菜の根…適量
　レモン汁…1 個分
　ナンプラー…大さじ 2
　ココナッツミルク
　　…1/2 缶（200mℓ）
香菜の葉、レモン…適宜

衣
　上新粉…適量

揚げ油
　サラダ油…適量

作り方

1 鶏肉に塩、こしょうをよくもみ込んでおく。
2 にんにくはすりおろし、香菜の根はみじん切りにして、レモン汁、ナンプラーと合わせる。ここに、鶏肉を30分ほど漬け込む。
3 **2**にココナッツミルクを加えてよく混ぜ、全体にからめる。
4 上新粉をバットに入れる。鶏肉は汁けをまとわせながら上新粉をたっぷりまぶす(a)。
5 170℃に熱した揚げ油で全体がきつね色になるまでじっくり揚げる(b)。

骨つき肉は火が通りにくいので、ゆっくり揚げる。

ココナッツミルクをしたたらせながら粉のバットに移して。ダマになるくらいたっぷりの粉がガリッと魅惑の歯ざわりを生みます。

薄衣は薄力粉を水で薄くつないでいるだけだから、薄い膜のように繊細でサクサクしています。サッと揚げて、野菜の食感と香りを生かします。素揚げとはまた違う野菜揚げの魅力を楽しんで。

たけのこの薄衣

材料 2〜3人分

たけのこ…1本
米ぬか…適量
赤唐辛子…1本
塩…適宜
木の芽…適宜

衣

強力粉…適量
薄力粉…40g
冷水…60㎖

揚げ油

サラダ油…適量

作り方

1 たけのこは穂先をななめに切り落とし、縦に切れ目を入れておく。米ぬかと赤唐辛子を加えたたっぷりの水に入れ、1時間ほどゆでてそのままゆで汁の中で粗熱を取る。

2 **1**の皮をむいて縦に4等分し、食べやすい大きさに切る。強力粉を薄くまぶす。

3 薄力粉をふるい、冷水を加えて軽く混ぜる。

4 揚げ油を180℃に熱し、たけのこを**3**にくぐらせながらサッと揚げる。皿に盛りつけて塩をふり、木の芽を添える。

生でもおいしい野菜を、サッと揚げ油に通すと味わいが変わるのです。衣の先に、ふわっと夏の香り！　衣はアバウトにつけると、素材感が堪能できます。

オクラと葉しょうがの薄衣

材料 2～3人分

オクラ…4～6本
葉しょうが…4～6本
塩…適量

衣

強力粉…適量
薄力粉…40g
冷水…60mℓ

揚げ油

サラダ油…適量

作り方

1 オクラは塩をまぶして板ずりし、軽く洗ってヘタとガクを取る。葉しょうがは切り分けて、葉は適当な長さに切る。それぞれに強力粉を薄くまぶす。

2 薄力粉をふるい、冷水を加えて軽く混ぜる。

3 揚げ油を170℃に熱する。**1**を2にくぐらせながらサッと揚げ、塩をふる。

とうもろこしと香菜のかき揚げ

材料 2〜3人分
とうもろこし…1本
香菜…1束
塩…適宜

衣
強力粉…適量
薄力粉…40g
冷水…60mℓ

揚げ油
サラダ油…適量

作り方

1 とうもろこしは包丁で実をこそげ、香菜はみじん切りにしてボウルに入れ、強力粉を薄くまぶす。

2 別のボウルに薄力粉をふるい、冷水を入れてざっくりと混ぜる。

3 1を一つ分ずつ小さなボウルに入れ、2を少量加えて、170℃に熱した揚げ油にスプーンで落とす(a)。しばらく触らずに、カリッとしてきたら返して香ばしく揚げる。皿に盛りつけ、塩を添える。

a

1つ分をあらかじめ取り分けておけば、衣がつきすぎずにすむ。

とうもろこし同士がくっつくかくっつかないか、衣をぎりぎりの薄さにするのがポイントです。揚げ油に入れたら、しばらくは触らないようにしましょう。暑い日でも揚げたい、夏の大好物です。

いちじくの薄衣

やわらかな果肉がアツアツになって、トロリと口に入ってきます。繊細な甘さと香りが際立つ、贅沢な食べ方です。衣がはがれやすいので、強力粉をまぶしてから衣をつけて。

材料 4人分

いちじく…4個
塩…適量

衣

強力粉…適量
薄力粉…40g
冷水…60mℓ

揚げ油

サラダ油…適量

作り方

1. いちじくは皮をむき、強力粉を薄くまぶす。
2. 薄力粉をふるって、冷水を加え、軽く混ぜる。
3. いちじくを**2**にくぐらせて(**a**)、170℃に熱した油でゆっくり、油をかけながら揚げる(**b**)。

ナッツを揚げると、より香ばしくなって味わいも深くなります。くるみと松の実という組み合わせも面白いでしょう。こんがりするまで揚げてください。

くるみと松の実のかき揚げ

材料 3～4人分

くるみ…80g
松の実…80g
塩…適量

衣

強力粉…適量
薄力粉…40g
冷水…60mℓ

揚げ油

サラダ油…適量

作り方

1 くるみは適当な大きさに割り、松の実と合わせてボウルに入れ、強力粉を薄くまぶす。

2 薄力粉をふるって、冷水を加え、軽く混ぜる。

3 **1**を小さなボウルに少しずつ入れ、**2**を少量加えてサッと混ぜる。

4 170℃に熱した揚げ油に落としてこんがり揚げる。

かきと春菊の春巻

材料 10本分
かき(加熱用)…200g
春菊…1/2把
春巻の皮…10枚
ごま油…適量
塩…適量
薄力粉…大さじ2

揚げ油
サラダ油…適量

春巻の皮は、強力粉や薄力粉でつくった生地を加熱したものなので、粉の香りがしっかり感じられます。生の素材を巻くときは水気をしっかりふいて、下味をつけておくのがおいしさのコツです。

作り方

1 かきは塩水でふり洗いし、水をしっかり切り、さらにキッチンペーパーで水気をふく。
2 春菊は葉を摘んで2〜3等分に、茎は小口に切る。
3 かきとごま油、塩各少々をあえる。
4 春巻の皮をひろげ、春菊とかき1〜2粒をのせ、塩を少々ふって巻く(a)。薄力粉を水大さじ1くらいで溶いたものをのりにして、しっかりとめる。
5 170℃に熱した揚げ油でこんがりと揚げる。皿に盛りつけ、塩を添える。

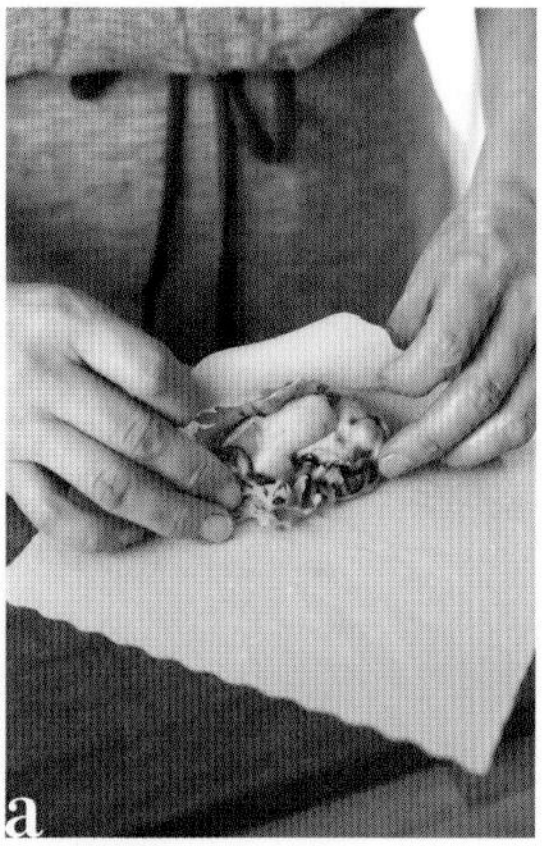
a

ミニトマトとモッツァレラとバジルの春巻

材料 20個分
ミニトマト…20個
モッツァレラチーズ…100g
バジルの葉…10枚
春巻の皮…5枚
塩…適量
薄力粉…大さじ1

揚げ油
サラダ油…適量

ミニトマトははじけやすいので、水溶き小麦粉はかためにして、しっかりとめましょう。トマトとモッツァレラのやわらかさと、パリッとした皮のバランスが絶妙です。

作り方

1 ミニトマトはへたを取り、竹ぐしで2、3ヶ所穴を開ける。モッツァレラチーズは1㎝の角切りにする。バジルの葉はちぎる。

2 春巻の皮を四角く4等分に切る。バジル、モッツァレラ、トマトを置いてしっかりと包み、水大さじ1/2くらいで溶いた薄力粉でとめる(a)。

3 180℃に熱した揚げ油でこんがりと揚げる。皿に盛りつけ、塩を添える。

さばの竜田揚げ

作り方

1 さばは2~3等分のそぎ切りにする。バットに並べて塩をふり、冷蔵庫に20分ほどおく。

2 しょうがはすりおろし、ほかの漬け汁の材料とよく混ぜ合わせる。

3 さばの水気をふき、**2**に30分ほど漬ける。

4 **3**の水気をしっかりふいて、片栗粉を全体にまぶす。

5 揚げ油を170℃に熱し、ところどころ穴をあけたししとうを先に揚げる。次にさばを揚げる。全体にカリッとしてきたら、最後は強火で仕上げる。

材料 2~3人分

さば(三枚おろし)…2枚
塩…適量
漬け汁
　しょうが…大ひとかけ
　しょうゆ…大さじ3
　酒…大さじ1
　黒こしょう…適量
ししとう…6本
すだち…適宜

衣
　片栗粉…適量

揚げ油
　サラダ油…適量

下味をつけて、片栗粉をまぶして揚げるのが竜田揚げ。片栗粉にはグルテンがないので、軽い衣になります。ぜひ揚げたてのかろやかさを味わってください。

里いも揚げ

蒸して皮をむいた里いもに、片栗粉を薄くまとわせます。表面は薄くカリッとしていて、食べるとねっとりしたいものねばりけが味わえます。揚げたてに塩をふって召し上がれ。

材料 2～3人分

里いも…小7～8個
塩…適量
黒こしょう…適量

衣

片栗粉…適量

揚げ油

サラダ油…適量

作り方

1 里いもはよく洗って皮ごと蒸す。蒸しあがったら熱いうちに皮をむく。
2 里いもの表面に片栗粉をまぶす。
3 170℃に熱した油で転がしながら、表面がカリッとして薄く色づくまで揚げる。
4 皿に盛り、塩をふって黒こしょうを挽く。

あじと春野菜の南蛮漬け

あじは片栗粉でカリッと揚げ、春野菜は素揚げ。ラディッシュは生のまま切って南蛮酢にからめます。しっとりと味がなじんだら食べごろです。夏野菜、秋野菜と季節ごとの野菜でつくってみるのも楽しいものです。

材料 3～4人分

あじ…小さいもの7～8尾
スナップエンドウ…8本
菜の花…1/2把
そら豆…正味80g
ラディッシュ…3個
南蛮酢
　酢…大さじ4
　しょうゆ…大さじ3
　砂糖…大さじ2
　みりん…大さじ1
　水…大さじ2
　塩、白こしょう…適量
　赤唐辛子…1本

衣
　片栗粉…適量

揚げ油
　サラダ油…適量

a

作り方

1 あじは3枚におろし、中骨を取る。

2 スナップエンドウは筋を取り、菜の花は花の部分だけ摘み、そら豆はさやから出して薄皮をむく。

3 バットに南蛮酢の調味料を合わせておく。

4 揚げ油を170℃に熱し、**2**の野菜をさっと素揚げして南蛮酢に漬ける。

5 あじに薄く片栗粉をまぶし(a)、180℃に熱した油でこんがりと色づくまで揚げ、熱いうちに南蛮酢に漬ける。くし切りにしたラディッシュも加えて1時間ほどおく。

鶏の唐揚げ

材料　4～5人分

鶏もも肉…2枚(500g～)
鶏胸肉…2枚(500g～)
ごま油…大さじ1
漬け汁
　にんにく…小ひとかけ
　しょうが…大ひとかけ
　しょうゆ…大さじ2と1/2
　塩…小さじ2/3
　砂糖…小さじ1
　酒…大さじ2

衣
　薄力粉…大さじ3～5
　片栗粉…適量

揚げ油
　サラダ油…適量

肉質しっかりの鶏もも肉と、やわらかな鶏胸肉、味わいの異なる部位が一度に食べられる唐揚げです。しょうゆベースの下味ににんにくとしょうがの香りをきかせ、ごま油をもみこんでしっとりと。これに薄力粉を混ぜてねっちりさせ、下味と肉をまとめます。

a

b

c

d

e

作り方

1 もも肉は、余分な皮を切り落とし、筋と目立つ脂を取り除く。揚げると縮むので、大きめのひとくち大に切る。

2 胸肉は、縦に半分に切ったら、大きめの削ぎ切りにし(a)、先にごま油だけをよくもみこむ(b)。

3 にんにくとしょうがをすりおろし、ほかの漬け汁の材料とともにボウルに入れて混ぜる。1と2の鶏肉を加えて手でよくもみこみ、30分以上おく。

4 3のボウルに薄力粉を加えて全体に少しねばりが出てねっとりするまで混ぜる(c)。足りなければ粉を足す。

5 片栗粉をバットに広げる。4の鶏肉に片栗粉をまぶし、余分な粉は落とす。

6 揚げ油を160～170℃に熱し、ゆっくりと揚げていく。表面を箸でさわるとカサッと固まってきて薄く色がついたらひっくり返す(d)。何度か返しながら、最後は強火にして温度を上げ、こんがりと濃いめに色がつきカリッとするまで揚げる(e)。

黒酢酢豚

豚肉の脂をしっかり受けとめ、そのコクとうまみに負けないがっちりした衣にするため、薄力粉、片栗粉に卵と油を加えました。とろりとしたあんをからめても、衣の食感がきちんと残っているところがポイント。黒酢の濃厚な風味ともよく合います。

a

材料　2～3人分

豚ロース肉(とんかつ用)
…2枚(厚めのもの約400g)
塩、こしょう、酒…各少々
甘酢
　酢…大さじ2
　塩…小さじ2/3
　黒酢…大さじ1
　砂糖…大さじ3
　しょうゆ…大さじ3
　鶏のスープ…大さじ4
にんにく…1かけ
赤唐辛子…1本
片栗粉…大さじ1
ごま油…少々
白髪ねぎ、香菜…適宜

衣

強力粉…適量
溶き卵…1/2個分
薄力粉…大さじ4と1/2
片栗粉…大さじ1
サラダ油…小さじ1
水…大さじ2

揚げ油

サラダ油…適量

作り方

1　豚肉は2㎝幅程度に切る。真ん中に1本切れ目を入れておく(a)。塩、こしょう、酒をもみこみ、強力粉をまぶす。

2　強力粉以外の衣の材料をよく混ぜ合わせる。

3　豚肉を1本ずつ2に入れてしっかりまとわせながら、170℃の揚げ油に落としていく。全体にこんがり色がつくまで揚げる。

4　別の鍋に甘酢の材料を入れて混ぜ合わせ、煮立てる。つぶしたにんにく、赤唐辛子を加えてさらに煮立てる。同量の水で溶いた片栗粉を加えてとろみをつけ、フツフツしているところに揚げた豚肉を加えてさっとからめあわせる。最後にごま油をまわしかける。

5　盛りつけて、白髪ねぎと香菜を添える。

パン粉で揚げる

とんかつ、メンチカツ、コロッケ、フライ……。パン粉揚げは、洋食メニューではおなじみ。みんなが大好きな揚げ衣です。粉で揚げるタイプと比べると、中の素材が蒸して仕上げられる感じがあって、まわりはサックサクなのに、中はジューシー！この食感の対比が魅力です。

パン粉には、生パン粉とドライパン粉がありますが、衣をしっかりさせたいときや、えびフライのように中の素材がやわらかいときには生パン粉を使うのがおすすめです。たっぷりつけて、素材にふわっとまとわせます。

ドライパン粉は、水分がないぶん香ばしさが勝って、クリスピーに仕上がります。生パン粉に比べると油をあまり吸わないので、時間が経ってもサクッとしていてちょっと軽い、独特の繊細さが生まれます。ドライパン粉を細かくすると、より軽やかになってカリッと揚げ上がります。

素材とパン粉の組み合わせはお好みですが、いちどレシピ通りに試してみて、次からはご自身の感覚で選んでみてください。

とんかつ

材料 2人分

豚ロース肉(とんかつ用)…2枚
塩…適量
白こしょう…適量
キャベツ…2〜3枚
ウスターソース、とんかつソース、
　からし…適宜

衣
　強力粉…適量
　溶き卵…1個分
　生パン粉…適量

揚げ油
　サラダ油…適量
　ラード…適量(サラダ油の1/3〜1/2量)

作り方

1 豚ロース肉は、赤身と脂身の間の筋に切れ目を入れ(a)、塩、こしょうをふる。

2 キャベツはせん切りにして水にさらし、水気をしっかり切っておく。

3 肉に強力粉をまんべんなくまぶし、余分な粉は落とす。溶き卵をつけ、パン粉をたっぷりつける(b)。

4 揚げ油を170℃に熱し、肉を入れてゆっくり揚げていく(c)。全体がきつね色になり、軽くなってきたところで取り出す。

5 切り分けたかつを盛り付け、キャベツ、からし、ソースを添える。

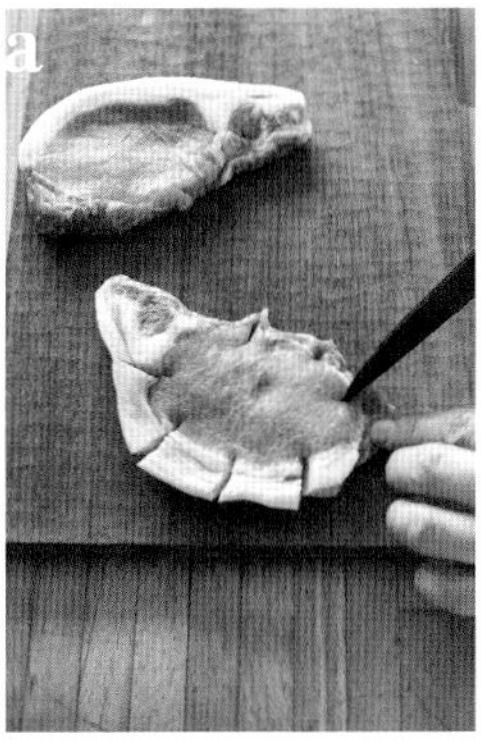

a

肉は加熱すると縮み、反り返って均等に熱が入らなくなってしまうので、包丁の刃先を使って、必ず筋切りをする。厚い肉は、両面忘れずに。

b

パン粉はたっぷりふわっとのせて軽く押さえて裏返し、ふわっとのせて裏返しを繰り返すとピタッとつく。

散ったパン粉は網じゃくしでこまめに取ると油が汚れにくい。

とんかつを揚げるときは、サラダ油にラードを加えるのがおすすめです。ラードは豚の脂で、コクと風味があってとんかつにはぴったり。動物性の脂が加わることで、生パン粉の衣もカリッと、しっかり揚がります。

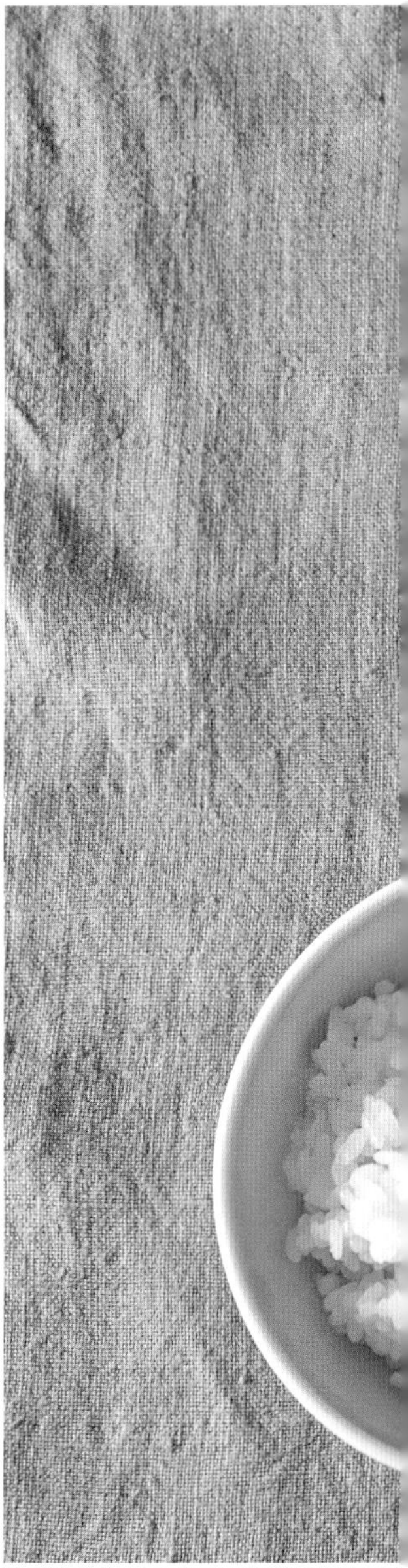

ソースかつ丼

材料 2人分
豚ヒレ肉…200g
塩…適量
黒こしょう…適量
カレー粉…少々
ソース
　だし…60㎖
　ウスターソース…大さじ3
　しょうゆ…大さじ2
　みりん…大さじ1
　砂糖…大さじ2
キャベツ…2〜3枚
ごはん…どんぶり2膳分

衣
　強力粉…適量
　溶き卵…適量
　ドライパン粉…適量

揚げ油
　サラダ油…適量
　ラード…適量
　（サラダ油の1/3〜1/2量）

こちらのとんかつにはソースをからめるから、繊細なドライパン粉にしました。やわらかなヒレかつと甘辛ソース、キャベツが三位一体のおいしさです！

作り方

1　豚ヒレ肉は2㎝くらいの厚みに切って軽く押さえ、両面に塩、こしょう、カレー粉をふる。

2　キャベツはごく細いせん切りにして水にさらし、水気をしっかり切っておく。

3　鍋にソースの材料を入れ、煮立ったら火を止める。

4　パン粉は密封袋などに入れ、麺棒でつぶすかフードプロセッサーにかけて細かくする。

5　肉に強力粉、溶き卵、パン粉の順に衣をつける。

6　揚げ油を170℃に熱し、**5**をゆっくり揚げる。最後に強火にしてカラリとさせ、すぐにソースに漬ける。

7　ごはんをよそい、キャベツをたっぷりのせ、ソースかつをのせる。残ったソースを適宜まわしかける。

かつサンド

作り方

1 豚ロース肉は筋切りし(73ページ参照)、両面に塩、こしょうをふる。

2 キャベツはごく細切りにして水にさらし、水気を切っておく。

3 バターと和からしを合わせてからしバターを作る。ソースの材料は混ぜておく。

4 肉に強力粉、溶き卵、パン粉の順に衣をつける。

5 食パン4枚は耳を落とし、2枚重ねてトーストする。焼き目がついていない内側にからしバターをぬる。

6 揚げ油を170℃に熱し、**4**をゆっくり揚げる。最後に強火にしてカラリとさせる。

7 **5**のパン2枚にキャベツをたっぷりのせ、かつをのせてソースをかける。残りの2枚のパンでサンドし、少し押して落ち着かせ、切り分ける。ピクルスを添える。

かつサンドで大事なのは、かつとパンの温度感。こんがり焼きたてのトーストにクリスピーなかつをはさみ、キャベツがしんなりしたところをほおばります。

材料 2～3人分

豚ロース肉(とんかつ用)…2枚
塩、白こしょう…適量
キャベツ…2枚
食パン…6枚切りを4枚
バター…20g
和からし…小さじ1/3
きゅうりのピクルス
　…4～6本
ソース
　とんかつソース…適量
　ケチャップ…適量
　マスタード…適量

衣
　強力粉…適量
　溶き卵…適量
　ドライパン粉…適量

揚げ油
　サラダ油…適量
　ラード…適量
　(サラダ油の1/3～1/2量)

メンチカツ

作り方78ページ

メンチカツは、ひき肉のジューシーさがおいしさの決め手。やわらかく、肉汁が出やすいので、卵液入りの水溶き薄力粉をからめて生パン粉をつけます。こうすると、肉だねのまわりが厚くなり、揚げてふくらんだときにパンクしたり、中のエキスが出てしまうのを防げます。特製デミグラスソースをかければ、洋食屋さんのような味！

メンチカツ

材料 3～4人分

牛ひき肉
…600g(赤身粗びき、並ひき肉あわせて)
たまねぎ…1個
マッシュルーム…6個
サラダ油…適量
卵…1個
塩…小さじ1
白こしょう…少々
ナツメグ…少々
特製デミグラスソース(左ページ参照)…適宜

衣
強力粉…適量
- 薄力粉…大さじ3～4
- 溶き卵…1個分
- 水…大さじ2

生パン粉…適量

揚げ油
サラダ油…適量
ラード…適量(サラダ油の1/2量)

作り方

1 たまねぎとマッシュルームはみじん切りにする。それぞれサラダ油でしっとりするまで炒め、バットにとってしっかり冷ます(a)。

2 ボウルにひき肉を入れ、**1**、卵、塩、こしょう、ナツメグを加えて(b)、練り混ぜる。

3 **2**の肉だねを6～8等分にして丸め、空気を抜きながら形づくり(c)、薄く強力粉をまぶす(d)。

4 薄力粉と溶き卵、水を合わせて衣を作る。生パン粉をバットに広げる。

5 **3**の肉だねを**4**の衣にくぐらせ(e)、生パン粉をたっぷりつける(f)。

6 揚げ油を170℃に熱し、**5**を入れる。表面がかたまるまではさわらない。時々返しながらきつね色になるまでじっくり揚げる。

7 皿に盛り付け、デミグラスソースをかける。

野菜はしっとりしっかり炒める。マッシュルームはうまみの素なので、たっぷりがおいしさのポイント。

ナツメグは、ホール状のものを削ると風味が格段によくなる。

ポンポンとリズムよく、途中で破裂しないように空気を抜きながら形成する。

column

これで一気に洋食屋さんの味

特製デミグラスソース

材料　作りやすい分量

たまねぎ…1/2 個
にんじん…1/2 本
セロリ…1/4 本
バター…30g
赤ワイン…1/2 カップ
トマト…小 1 個
デミグラスソース缶…1 缶
ビーフコンソメ
　…小さじ 1/2（粉末）
塩…小さじ 1
仕上げバター…20g

作り方

1　たまねぎ、にんじん、セロリは 1㎝角程度に切る。
2　**1** をバターでしっとりするまでゆっくり 15 ～ 20 分ほど炒め、赤ワインを加えて、強火でアルコールを飛ばす。
3　トマトをざく切りにして **2** に加え、つぶしながら炒める。デミグラスソース缶、ビーフコンソメを加えて 5 ～ 6 分煮る。そのまま粗熱を取る。
4　フードプロセッサーにかけ、ザルで漉す。鍋に移して味をみて、塩でととのえる。仕上げにバターを加える。

強力粉をまんべんなくまぶし、余分な粉ははたく。これで衣がしっかりつく。

衣がしっかりと壁を作り、肉汁が出るのを防ぐ。

生パン粉はたっぷりつけて押さえる、を繰り返してしっかりつける。

シュニッツェル

材料 2人分

豚ロース肉（とんかつ用）…2枚
塩…適量
白こしょう…適量
レモン…1個
ゆで卵のみじん切り…1個分
パセリのみじん切り…小さじ1

衣

強力粉…適量
溶き卵…適量
ドライパン粉…適量

揚げ油

バター…250g

作り方

1 豚ロース肉は筋切りする（73ページ参照）。ラップをのせて麺棒などで外側に向かって軽くたたきながら、5ミリくらいの厚さにのばす(a)。

2 パン粉は密封袋などに入れ、麺棒でつぶすかフードプロセッサーにかけて細かくする。

3 肉の両面に塩、こしょうをふり、強力粉、溶き卵、パン粉の順で衣をつける。

4 すましバターを作る。鍋にバターを入れて弱火にかけ、すべて溶けたら上澄みをフライパンに移す（鍋底の白い液体は入れない）。

5 4を弱火にかけ、バターがフツフツしてきたら肉を入れる。ときどきバターをかけながら、じっくり両面こんがりと揚げ焼きにする(b)。

6 盛りつけてレモンを添え、ゆで卵、パセリを散らす。

ウィーン風のカツレツです。たたいて薄くのばした肉をカリッカリに揚げたいので、ドライパン粉をさらに細かくしてつけます。すましバターで揚げるので、風味もリッチ。バターを焦がさないよう、弱火で火を通しましょう。

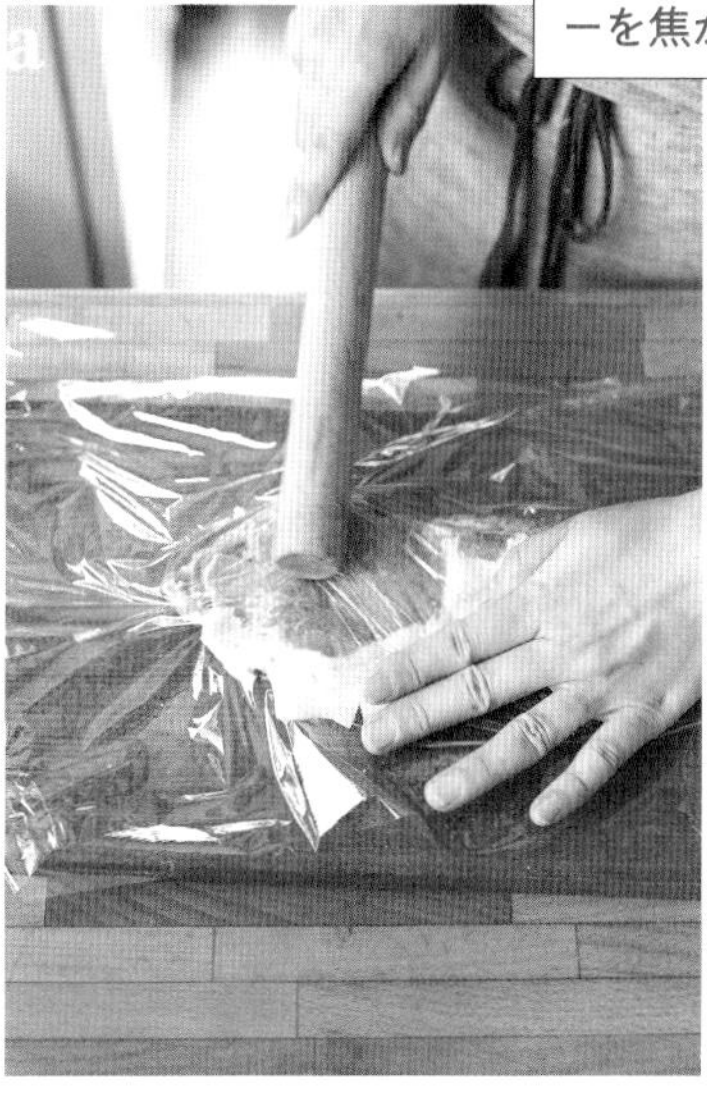

a

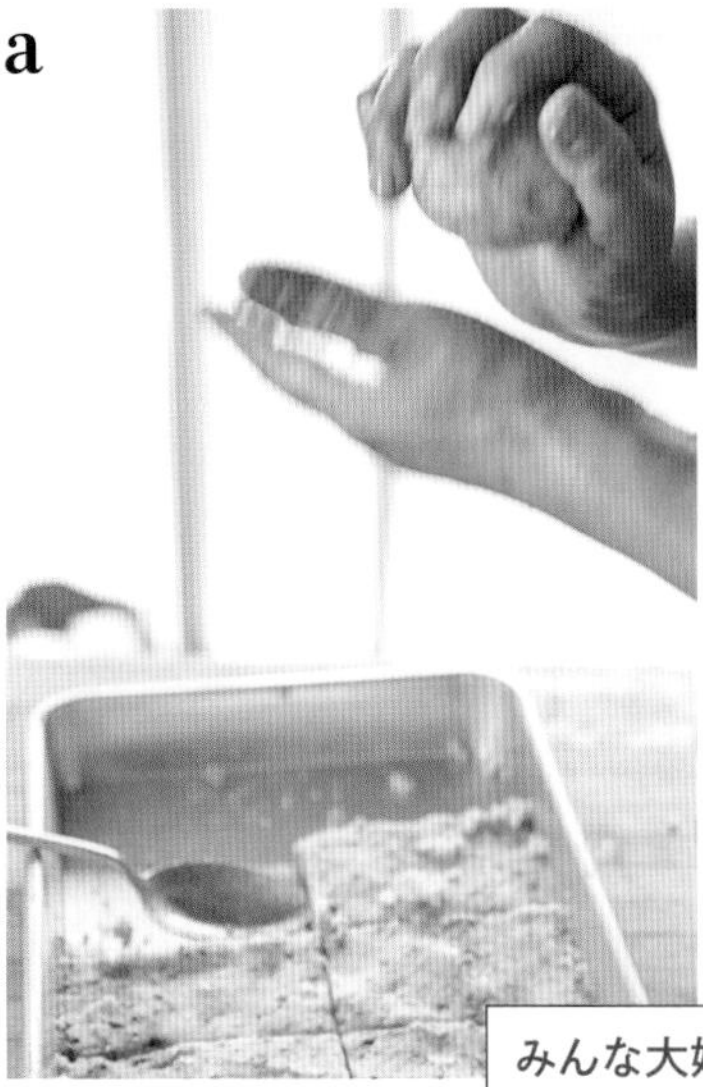

ポテトコロッケ

みんな大好き、ポテトコロッケ。じゃがいもは皮つきのまま蒸すと、むっちりとして甘みもしっかり出ます。たねをまとめる時に、両手でキャッチボールをするようにして、軽く空気を抜いておくと、揚げてる途中でパンクしません。

材料 3～4人分

じゃがいも(男爵)…5個
たまねぎ…1/2個
合びき肉…150g
サラダ油…大さじ1
塩…小さじ1/2＋適量
白こしょう…適量
ウスターソース…小さじ1/3
ナツメグ…小さじ1/4
バター…大さじ1
生クリーム…大さじ1
パセリ…適宜

衣

強力粉…適量
溶き卵…適量
生パン粉…適量

揚げ油

サラダ油…適量
ラード…適量
(サラダ油の1/3～1/2量)

作り方

1 じゃがいもは皮つきのまま、竹串がすっと入るまで蒸す。たまねぎはみじん切りにする。

2 フライパンにサラダ油を熱し、たまねぎを炒める。しんなりしてきたらひき肉を加え、色が変わってパラパラになるまで炒める。塩小さじ1/2、こしょう、ウスターソース、ナツメグで調味し、バットに広げて冷ます。

3 蒸しあがったじゃがいもは、熱いうちに皮をむき、マッシャーや麺棒でつぶす。軽く塩、こしょうをふり、バターと生クリームを加えて混ぜる。さらに**2**を加えて混ぜ、バットに広げて粗熱をとる。

4 **3**を8等分にし、手のひらに薄く油をぬって、小判型に形作る(a)。

5 **4**に強力粉をまぶして余分な粉をはたき、溶き卵にくぐらせ、パン粉をたっぷりつける。

6 揚げ油を170℃に熱し、全体がこんがりきつね色になるまで揚げる。

7 コロッケを盛りつけ、パセリを添える。

小さなコロッケ

2種類の味で楽しむ、ひとくちサイズのポテトコロッケです。これには、細かくしたドライパン粉が合います。薄くついて、カラッとした揚げ上がり。おつまみにもぴったりです。

コンビーフ入りカレーコロッケ

材料 3～4人分

じゃがいも（メークイン）…2個
たまねぎ…1/4個
コンビーフ…1缶（80g）
サラダ油…適量
塩、黒こしょう…適量
カレー粉…小さじ1/2

衣

強力粉…適量
溶き卵…適量
ドライパン粉…適量

揚げ油

サラダ油…適量
ラード…適量
（サラダ油の1/3～1/2量）

グリーンピースのコロッケ

材料 3～4人分

じゃがいも（メークイン）…2個
グリーンピース…150g
生ハム…30g
パルメザンチーズ…20g
塩、黒こしょう…適量

衣

強力粉…適量
溶き卵…適量
ドライパン粉…適量

揚げ油

サラダ油…適量
ラード…適量
（サラダ油の1/3～1/2量）

作り方

1 たまねぎはみじん切りにする。

2 フライパンにサラダ油を熱し、**1**を炒め、しんなりしてきたらコンビーフを入れて炒め合わせる。塩、こしょう、カレー粉で調味する。

3 じゃがいもは皮つきのまま、竹串がすっと入るまで蒸す。蒸し上がったら熱いうちに皮をむき、マッシャーや麺棒などでつぶしてなめらかにする。

4 パン粉は密封袋などに入れ、麺棒でつぶすか、フードプロセッサーにかけてごく細かくする。

5 **3**のじゃがいもと**2**を合わせ(**a**)、バットに広げて冷ます。

6 8等分にしてまん丸に丸め、強力粉をまぶして余分な粉をはたく。溶き卵にくぐらせたら、パン粉をつける(**b**)。

7 揚げ油を170℃に熱し、全体がこんがりきつね色になるまで揚げる。

作り方

1 グリーンピースは柔らかく塩ゆでし、つぶす。

2 生ハムは小さく切り、パルメザンチーズはおろす。

3 じゃがいもは皮つきのまま、竹串がすっと入るまで蒸す。蒸し上がったら熱いうちに皮をむき、マッシャーや麺棒などでつぶしてなめらかにする。

4 パン粉は密封袋などに入れ、麺棒でつぶすか、フードプロセッサーにかけてごく細かくする。

5 **3**のじゃがいもと**1**、**2**を合わせ(**c**)、軽く塩、こしょうをふり、バットに広げて冷ます。

6 10～12等分にしてまん丸に丸め、強力粉をまぶして余分な粉をはたく。溶き卵にくぐらせたら、パン粉をつける(**b**)。

7 170℃の揚げ油で、全体がこんがりきつね色になるまで揚げる。

a

b

c

えびフライとかきフライ

作り方88ページ

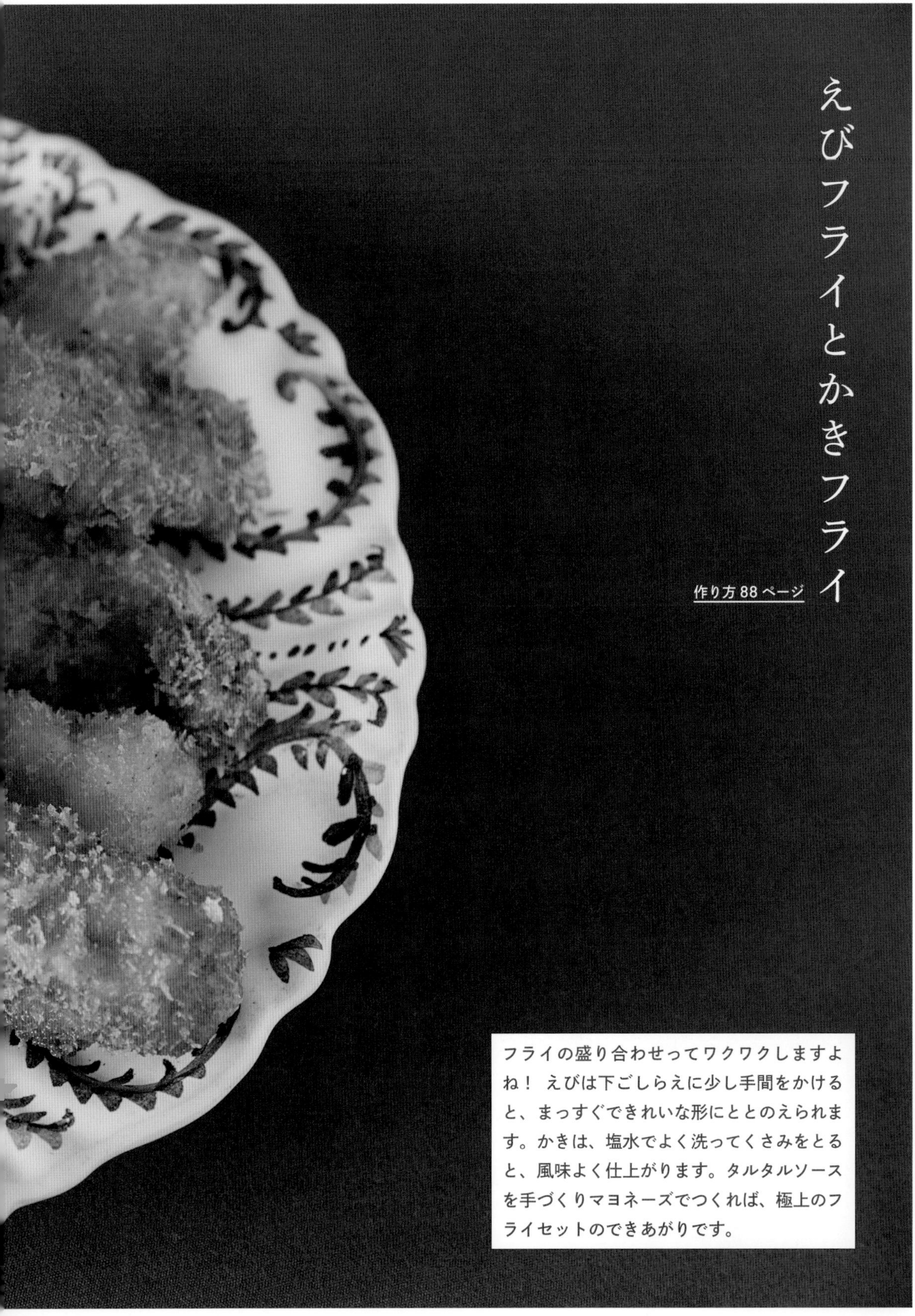

フライの盛り合わせってワクワクしますよね！ えびは下ごしらえに少し手間をかけると、まっすぐできれいな形にととのえられます。かきは、塩水でよく洗ってくさみをとると、風味よく仕上がります。タルタルソースを手づくりマヨネーズでつくれば、極上のフライセットのできあがりです。

えびフライとかきフライ

材料 4人分

えび（大正えび、クマえび、ブラックタイガーなど）…8尾
かき（加熱用）…300g
塩…適量
白こしょう…適量
レモン汁…適量
レタスのせん切り、レモン、パセリ…適宜
タルタルソース
　固ゆで卵…2個
　きゅうりのピクルス…大1本
　自家製マヨネーズ（左ページ参照）…大さじ5〜6
　ウスターソース…適量
　塩、白こしょう…適量

衣
　強力粉…適量
　溶き卵…適量
　生パン粉…適量

揚げ油
　サラダ油…適量

作り方

1 えびは背中に浅めに切れ目を入れ、背わたを取る(a)。腹の部分にななめに切り込みを入れて筋を切り、まっすぐにする(b)。しっぽの先を切り落とし、包丁の刃先で汚れと水分をしごき出す(c)。

2 かきは塩水でふり洗いし、水気をしっかりふきとる。

3 えびとかきに軽く塩、こしょうをふり、レモン汁を少々かける。

4 3に強力粉をまぶし、余分な粉ははらう。

5 4のえびとかきを溶き卵にくぐらせ、生パン粉をたっぷりつけて手で軽くおさえる。

6 タルタルソースをつくる。固ゆで卵の白身と黄身を分け、黄身はスプーンなどでつぶし、白身は細かいみじん切りにしてからペーパータオルなどで水気をしぼる。ピクルスはみじん切りにする。すべてを合わせ、マヨネーズ、ウスターソースと塩、こしょうで味をととのえる。

7 揚げ油を170℃に熱し、えびとかきをこんがりと色づくまで揚げる。

8 皿にレタスのせん切り、レモン、パセリ、たっぷりのタルタルソースを添え、盛りつける。

a
背わたは包丁の先でかき出し、きれいに取る。

b
ななめに、切れてしまわない程度の深さに切り込みを入れる。筋を切るとまっすぐに揚がってえびフライらしいたたずまいに。

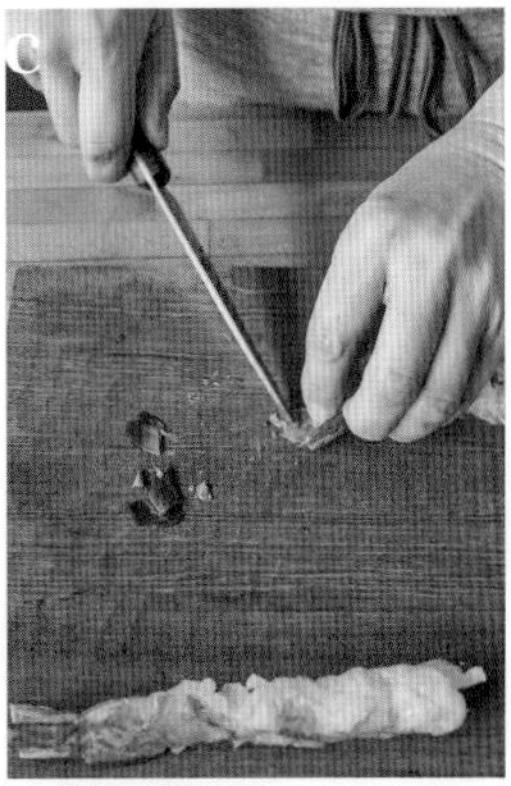
c
しっぽは水分を含んでいるので、先を切り落とし、包丁でしごくようにして中の水分を出す。

column

タルタルソースがよりおいしくなる！

自家製マヨネーズ

材料　作りやすい分量

卵黄…２個分
ディジョンマスタード
　…大さじ 1/2
米酢…大さじ１と 1/2
塩…小さじ 1/2 〜
綿実油、米油など…400mℓ
オリーブオイル…1/4 カップ
熱湯…適量
砂糖…小さじ２
レモン汁…小 1/2 個分
白こしょう…少々

作り方

1　ボウルに卵黄を溶きほぐし、マスタード、酢、塩を加えて混ぜる。
2　**1**に油を少しずつ細く垂らしながら、泡立て器で一定方向に混ぜて乳化させていく。油を 100mℓほど加えたら熱湯を小さじ１〜２杯加え、さらに油 100mℓほど加えて同様に熱湯を加える。残りの油をさらに少しずつ加えて乳化させながら混ぜていく。湯を入れることで固くなりすぎず、空気が入り、白くふわっとする。
3　最後に味をみて、砂糖、レモン汁、こしょうを加える。

あじフライ

魚介のフライは、生パン粉をつかうことが多いのですが、あじフライはドライパン粉で。香ばしい揚げ上がりになって、定食屋さんっぽいおいしさになると思うのです。ポテトサラダと一緒に食べるのがサイコー。

材料 2人分
あじ…4尾
塩…適量
白こしょう…適量
キャベツのせん切り、レモン、
ポテトサラダ…適宜

衣
強力粉…適量
溶き卵…適量
ドライパン粉…適量

揚げ油
サラダ油…適量

作り方

1 あじを背開きにする。ウロコとゼイゴを取って頭を切り落とし、腹に切れ目を入れて内臓を取り除き、塩水で洗う。背に包丁を入れて開き、中骨などもきれいに取り除く。塩水で洗い、水気をふく。

2 軽く塩、こしょうをふり、強力粉を薄くまぶし、溶き卵、パン粉の順で衣をつける。

4 揚げ油を180℃に熱し、こんがり色づくまで揚げる。

5 器にキャベツのせん切りたっぷりと、ポテトサラダ、レモンを添え、盛りつける。

column

あじフライにぴったり！

ポテトサラダ

材料
じゃがいも(男爵)…3個
オリーブオイル…大さじ1
塩、白こしょう…少々
酢…小さじ2
たまねぎ…1/4個
自家製マヨネーズ(89ページ)
…大さじ6〜7

作り方

1 じゃがいもは皮つきのまま、竹串がすっと入るくらい柔らかくなるまで蒸す。熱いうちに皮をむき、軽くつぶしてオリーブオイル、塩、こしょう、酢を加えて下味をつける。

2 たまねぎはみじん切りにして水にさらす。

3 たまねぎの水気を切り、塩少々を加えてしんなりするまでもみ、水気をしぼる。

4 1にたまねぎを加えて軽く混ぜ、マヨネーズを加えて混ぜ、味をみて、塩、こしょうでととのえる。

おなじみ、沖縄の揚げ菓子です。サーターは砂糖、アンダギーは揚げものといった意味だとか。少しかための ドーナツといった感じで、どこかなつかしい味わい。黒糖風味にしました。揚げている間に生地が割れてくるので、割れ目の中までこんがりしたらでき上がり！

サーターアンダギー

材料 5～6個分

卵…1個
黒糖…80g
塩…少々
サラダ油…小さじ2
薄力粉…180g
ベーキングパウダー…小さじ1
牛乳…適宜

揚げ油

サラダ油……適量

作り方

1 ボウルに卵を割りほぐし、黒糖、塩、サラダ油を加えて混ぜる。

2 薄力粉とベーキングパウダーをあわせてふるい、**1**に加える。全体をさっくりと混ぜる。生地はかためにまとめるが、かたすぎれば牛乳で調節する。冷蔵庫で30分以上休ませる。

3 直径3㎝くらいのボール状に丸め(**a**)、160℃の揚げ油で転がしながら全体がふっくらするまでゆっくり揚げる(**b**)。

食パンをのばし、こしあんをくるくるっと巻きました。パンを薄くのばせばのばすほど、サックサクで香ばしい揚げ上がりになって、熱いあんこと合います。

あんこ巻き

材料 10個

食パン(サンドイッチ用)…5枚
こしあん…150g

揚げ油

サラダ油…適量

作り方

1 食パンは耳を切り落とし、麺棒などで薄くのばす(a)。

2 表面にあんをたっぷり均一に塗り、手前からくるくると巻いて楊枝で止める。

3 揚げ油を170℃に熱し、こんがりときつね色になるまで揚げる。

4 楊枝をはずして半分に切る。

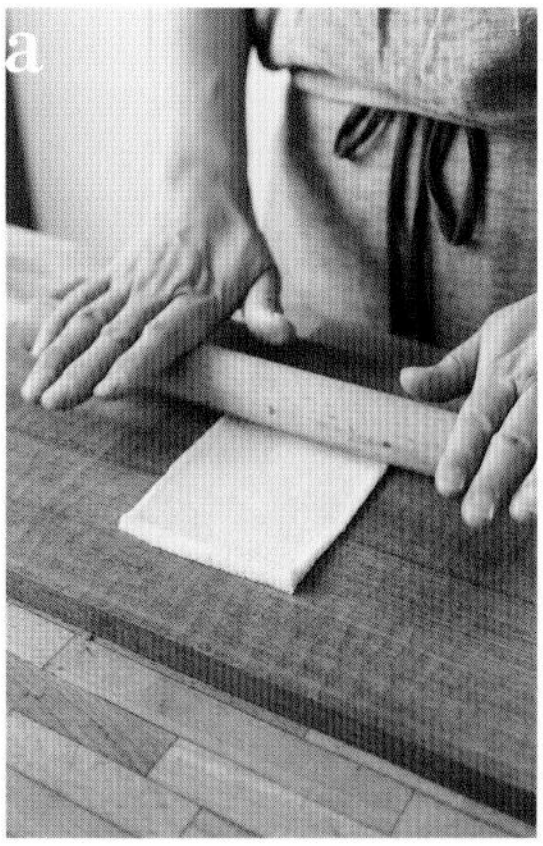
a

バナナココナッツドーナツ

あま〜い香りのココナッツファインとバナナ入り。サクふわな生地の中でバナナがとろけて、南国の香りがただよいます。すぐに色づくので、絶えずころがしながら揚げましょう。

材料　3〜4人分

バナナ…3本
薄力粉…110g
ベーキングパウダー…小さじ2
塩…少々
ココナッツミルク…1と1/2カップ
ココナッツファイン…1カップ
砂糖…60g
粉糖…適量

揚げ油

サラダ油…適量

作り方

1　バナナは2㎝くらいの輪切りにする。

2　ボウルに薄力粉、ベーキングパウダー、塩をあわせてふるう。ココナッツミルク、ココナッツファイン、砂糖、バナナを加えてよく混ぜ合わせる。

3　揚げ油を170℃くらいに熱し、**2**をスプーンですくってバナナひと切れ分ずつ落としていく(a)。全体にこんがりとキツネ色になるまでゆっくり揚げる。

4　仕上げに粉糖をたっぷりかける。

a

坂田阿希子《さかたあきこ》

料理家。代官山の洋食店「KUCHIBUE」店主。料理研究家のアシスタントを経てフランス菓子店、フランス料理店などで経験を重ね、独立。シンプルな家庭料理から本格的な洋食、菓子とレパートリーは幅広く、食材がもっとも美味しくなる料理の方法をていねいに伝える。繊細かつ豪快な料理が坂田風で、大人気。大の揚げもの好き。著書『あまくないからおいしいお菓子』(家の光協会)、『じゃがいも・ブック』(東京書籍)、『このひと皿で五感がめざめる、パワースープ』(文化出版局)、『サカタフルーツパーラー』(グラフィック社)など多数。

家で揚げるともっとおいしい

2021年6月28日　初版第一刷発行

著者　坂田阿希子
ブックデザイン　茂木隆行
撮影　長野陽一
スタイリング　久保百合子
編集　大嶺洋子(リトルモア)
編集協力　岡村理恵

発行人　孫家邦
発行所　株式会社リトルモア
〒151-0051　東京都渋谷区千駄ヶ谷3-56-6
電話 03-3401-1042
ファクス 03-3401-1052
http://www.littlemore.co.jp

印刷・製本所　株式会社シナノパブリッシングプレス

乱丁、落丁本は送料小社負担にてお取り替えいたします。
本書の内容を無断で複写・複製・引用・データ配信などすることはかたくお断りいたします。

Printed in Japan
©2021 Akiko Sakata

ISBN978-4-89815-531-8